KB262403

글누림 문화콘텐츠 총서 19 | 게임시장의 양상과 특징

저자 소개

김경식 호서대학교 게임공학과 교수, 한국게임학회 명예교수

최삼하 서강대학교 게임교육원 게임기획과 교수

김정현 (주) jepetto 근무

장희동 호서대학교 게임공학과 부교수, 한국게임학회 논문지 편집위원

허과현 호서대학교 게임공학과 초빙교수, 한국금융신문 편집국장

글누림 문화콘텐츠 총서 19

게임시장의 양상과 특징

초판 인쇄 2010년 8월 20일
초판 발행 2010년 8월 30일
지은이 김경식 · 최삼하 · 김정현 · 장희동 · 허과현
펴낸이 최종숙
책임편집 추다영 **편집** 이태곤 임애정
디자인 안혜진 **영업** 문택주 **관리** 이희만
펴낸곳 글누림출판사
주소 서울 서초구 반포4동 577-25 문창빌딩 2층
전화 02) 3409-2055
팩시밀리 02) 3409-2059
등록 2005년 10월 5일 제303-2005-000038호
홈페이지 http://www.geulnurim.co.kr
전자우편 nurim3888@hanmail.net
값 15,000원
ISBN 978-89-6327-066-1 93300

글누림 문화콘텐츠 총서 19

게임시장의 양상과 특징

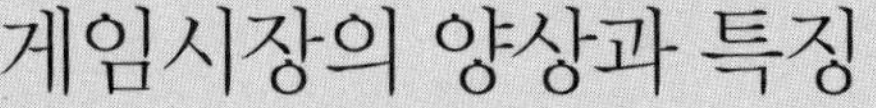

김경식 · 최삼하 · 김정현 · 장희동 · 허과현   저

글누림

글누림 문화콘텐츠 총서 발간에 부쳐

호서대학교 문화콘텐츠 연구 역량이 결집된 글누림 문화콘텐츠 총서 발간을 진심으로 축하합니다.

지금 우리 주변에는 창의적이고 도전적인 선구자들이 새로운 학문을 개척하는 모습을 많이 볼 수 있습니다. 특히 환경이 악화되고, 사회가 복잡해지면서 인류의 정체성 문제가 새로운 물음으로 대두되고 있습니다. 이제 인류의 미래와 번영에 대한 문제는 단순히 미래학자들의 몽상 속에서 등장하는 물음이 아니라 인류의 생존을 가늠하는 현실적인 문제가 되었습니다. 이런 중에 문화에 대한 탐구는 21세기 학문의 가장 빛나는 중심이 될 것이라고 믿어 의심치 않습니다.

이번에 발간되는 2차 글누림 문화콘텐츠 총서는 이와 같은 학문 내·외적 물음에 대하여 우리 대학 연구자들이 마련한 성실한 답변서라고 할 수 있습니다. 이 총서가 우리 대학을 세계적인 명문대학으로 성장시킬 'World Class 2030 Project'의 한 부분이 될 것을 기대합니다.

지난 1차 글누림 문화콘텐츠 총서에 이어 미개척의 학문 분야인 문화콘텐츠 분야에 대한 도전적이고 창의적인 정신을 실현한 우리 대학의 문화콘텐츠 총서 기획단, 집필진 여러분의 노고와 결실에 다시 한번 경의를 표합니다.

호서대학교 총장 강 일 구

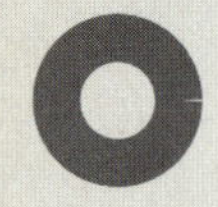

EDITOR'S NOTE

문화가 21세기를 이끌 새로운 분야로서 등장하기 시작한 것은 얼마 되지 않았는데, 지금은 학문의 중심 테마로 자리 잡아가고 있다. 산업 분야에서는 21세기의 새로운 지식 산업으로서 문화 산업이 이제는 당당히 한 자리를 차지하고 눈부시게 성장하고 있는 것을 확인할 수 있다.

이러한 현상은 근대 학문 체계에 대한 회의와 맞물려 있는데, 이 점도 주목해야 할 것이다. 이미 20세기 후반부터 각 분과 학문의 분류 체계에 대해 회의하기 시작했고, 한편으로는 개별 학문을 넘어선 통합 학문을 지향하거나, 학문 간 연계를 강화한 이른바 학제 간 학문이 강조되었으며, 다른 한편으로는 학문의 근본 요소에 대한 성찰도 강화되었다.

이러한 경향은 학문의 정체성 찾기와 학문의 보편성, 그리고 학문 제도에 대한 근본적 반성과 새로운 학문 제도의 형성이라는 다소 상반되고 혼란스러운 현상으로 나타나고 있다. 이것은 그동안의 각 분과 학문이 개별적이고 고립된 대상에 대한 연구였다는 고백과 반성으로 요약할 수 있다.

여러 학문 중에서 특히 인문학은 인간과 인류에 대한 탐구라는 점에서 이와 같은 새로운 학문적 경향을 선도하는 역할을 해야 한다. 그러기 위해서 인문학은 개인, 고립된 주체에 대한 탐구를 지양해야 한다.

흔히 인간은 생각하는 동물이라고 한다. 인간은 생각하는 능력 때문에 동물과 다른 변별적인 특성을 갖는다는 말이다. 이와 같이 인류라는 한 집단이 다른 동물종들의 집단과 구별되는 변별적인 특징들도 찾아 볼 수 있을 것인데, 그 여러 가지 중에서 문화는 가장 중요한 변별적 특질이라고 할 수 있다. 인류는 다른 군집과는 다른 그들만의 독특한 문화를 만들어낼 수 있다. 인류를 인류로서 구별하게 하는 이 문화가, 인류의 사고하는 능력에 못지않게 중요한 인문학의 테마로 부각되는 이유가 거기에 있다.

우리 대학은 기독교 정신과 벤처 정신으로 성장하는 학교이다. 기독교 정신은 나와 하나님, 인류를 사랑하는 정신이다. 벤처 정신은 창의적인 도전이고 한 걸음 더 나아가는 모험의 정신이다. 우리 대학은 이러한 정신을 산학 연계와 교육에서 실현하고자 애썼고, 어느 분야에서는 일정한 정도의 그 선도적 의의를 인정받고 있다. 이제는 이러한 역량이 학문 분야에서도 실현되어 학문을 선도할 때가 되었다. 문화의 탐구, 문화콘텐츠의 생산이 바로 그것이다.

이미 1차 총서에서 천명한 바와 같이 이 총서는 '교양 있는 일반인'을 위한 '문화콘텐츠'의 학술적 동향을 안내하는 것이 그 목적이다. 쉽고 간결한 문체를 선택하고, 그림과 도표로써 이해를 돕도록 하며, 설명을 위한 최소한의 주석만 넣는 등의 편집 지침은 이전과 동일하다. 선정이 까다롭고 지원이 크지 않았음에도 불구하고 연구 성과가 풍성했다. 향후 3차 총서에서도 21세기 학문을 반성하는 문화학의 테마와 그의 산학적 실천이라는 문화콘텐츠 생성에 보다 의미 있는 저작이 풍성하게 결실하기를 희망한다.

호서대학교 한국어문화학부 김성룡

PROLOGUE

우리나라 문화 콘텐츠 산업의 꽃이라 할 수 있는 컴퓨터 게임산업은 90년대 이후에 폭발적인 발전을 거듭하여 온라인 게임 분야에서는 대한민국이 세계 1위의 기술력을 가지고 있고 우리나라의 온라인 게임은 세계 50여 개국에 수출되고 있으며, 2009년도에 15억 달러 수출을 달성하였고 2012년 30억 달러 수출을 목표로 하고 있다.

이제 게임은 우리나라에서뿐 아니라 전 세계에서 비주류의 문화가 아닌 주류의 문화로 자리 잡고 있다. 이러한 문화로서의 위치를 고수하기 위해 게임시장의 흐름과 특징을 파악하여 트렌드에 맞는 게임을 개발하는 것은 아주 중요한 사안이다.

3D 입체영화 <아바타>가 국내 1,100만 명 관객을 돌파하고, 애플 '아이폰'이 스마트폰 세계시장을 석권해 나가는 가운데 IT강국 코리아의 위상이 흔들리고 있다. 콘텐츠와 소프트웨어에 대한 투자를 소홀히 했다는 반성의 기사들을 보며 우리의 강점을 부각시킬 방안으로서 '게임 기술력의 확산'을 걸고 싶다.

우리나라가 세계 게임시장에서 강국으로 부각되었던 이유 중 하나인 MMORPG의 경우 이제는 밀려오는 해외 MMORPG에 의해서 많은 고전을 하고 있는 현실이다. 따라서 '게임강국 코리아'의 유지와 '우리나라 최고=세계 최고' 게임이 개발되기 위해서는 항상 게임시장의 흐름과 특징을 파악함이 필요하고, 그래야 시장 트렌드와 유저의 니즈를 충족시킬 수 있는 게임의 개발이 가능할 것이다.

본 저서는 게임시장의 전반적인 흐름과 특징에 대한 이해를 돕고 비전공자나 전공자

모두가 쉽게 접근할 수 있는 내용으로 게임시장의 양상과 특징에 대해서 설명하여 게임시장에 대해서 관심을 가지고 있는 교양있는 일반인들의 게임 마케팅 입문서로서의 역할을 목적으로 한다.

편안하고 간결한 문체를 선택하여 게임산업 동향과 시장 전망을 소개했으며, 그림과 도표로써 이해를 돕도록 했고 전문 용어에 대해서는 간략한 주석을 달았다.

2010. 1. 저자 일동

CONTENTS

1. 서론(序論)

(1) 컴퓨터 게임은 스포츠다?

10년 전만 해도 컴퓨터 게임이 스포츠라고 생각하는 사람은 아무도 없었다. 'e-스포츠'라는 정식 용어를 사용하고 있는 현 시점에서도 컴퓨터 게임을 일반적인 스포츠의 개념과 동일하게 인식하는 사람도 사실 그리 많지 않다. 특히 게임을 하급문화, 음지의 문화로 인식하고 있는 기성세대의 경우 더더욱 공상과학만화에서나 등장하는 상상 속의 현상이라고 생각하는 것이 일반적이다.

하지만 분명히 'e-스포츠'라는 용어는 정식용어로 사용되고 있으며 진리를 추구하며 정보를 전달하는 여러 매체들조차도 이를 반박하지 않는다. 국내에서 1, 2위를 다투는 대표적인 인터넷 포털 사이트의 디렉토리 분류에서 게임 관련 기사가 스포츠 코너에 포함되어 있는 것이 이를 대변한다. 대표적인 e-스포츠로 자리를 잡은 '스타크래프트'(StarCraft)의 리그 결승전에 프로 축구 관중보다도 더 많이 관객이 몰려드는 것도 이와 같은 맥락이라고 볼 수 있을 것이다.

지난날 청계천 세운상가에서 출발한 우리의 게임산업은 이제 국내 시장을 넘어서 세계시장으로 뻗어가고 있다. 온라인 게임의 종주국으로 인정받고 있는 우리의 게임산업은 외환위기 이후 PC방을 중심으로 부흥한 '스타크래프트', '리니지'(Lineage)와 같은 게임들의 성공과 함께 중흥기를 만들어가며 현재에 이르렀다. 세계 최고 수준을 자랑하는 초고속 통신망의 인프라를 바탕으로 PC통신 시절 매니아층을 이미 확보했던 MUD게임이 한 단계 더 업그레이드되어 화려한 영상과 함께 청소년들의 눈과 귀를 사로잡았다.

세계랭킹 1위의 게이머가 화제가 되면서 '프로게이머'라는 신종직업이 생겨났고 몇 년 뒤에는 프로게임구단이 결성되었다. 게임만을 방송하는 게임채널이 생겨났고 프로게임 리그가 결성되었다. 1억 원이 넘은 고액 연봉을 받는 프로게이머가 이슈가 되었고 초등학생들의 선호직업 1위에 프로게이머가 랭크되기도 했다. 심지어는 군대에서도 프로게임구단을 창설하여 리그에 참가한다. 사이버 세계의 상무팀인 것이다. 군대에서도 인정하는 스포츠! 컴퓨터 게임은 스포츠다!

전 세계적으로 e-스포츠 분야를 우리가 선도하게 된 결정적인 계기는 이미 언급했던 바와 같이 온라인 게임의 부흥이 튼튼한 기반을 마련했기 때문이라고 할 수 있다.

(2) 온라인 게임의 종주국?

우리나라는 온라인 게임 종주국임을 자처한다. 물론 게임의 선진국이라 불리는 북미권이나 일본에서도 이 점은 어느 정도 인정하고 있다. 수의 단위 개념부터 다른 중국이라는 대단한 복병이 칼을 갈고 있는 현재의 이 시점에서도 여전히 대한민국은 세계적인 게임개발사들이 선호하는 매력적인 온라인 게임의 시험무대이며 동시에 마켓이다.

국내에서 온라인 게임이 시작된 시점은 1994년부터이다. 당시 BBS(Bulletin Board System)를 이용한 PC통신을 통해서 텍스트기반 MUD(Multi User Dungeon)게임이 서비스되었다. 지금의 MMORPG(Massively Multiplayer Online Role Playing Game)와는 비교할 수 없지만 방대한 세계관과 가상공간에서 여러 사람과 함께 어울려 게임을 동시에 즐길 수 있다는 것은 매우 획기적인 것이었다. 물론 대학을 중심으로 이미 선구적인 게이머들이 외국 대학에서 실험적으로

개발되고 개량되어온 MUD게임을 즐기고 있었고 그들이 국산 MUD게임 역사의 첫 획을 긋게 된다.

당시 세계적으로 흥행에 성공한 '쥬라기공원'이라는 영화에서 모티브를 얻어서 개발된 '쥬라기공원'이라는 MUD게임이 천리안과 하이텔 등의 PC통신을 기반으로 급속도로 퍼져나갔으며 한 달에 전화요금만 20~30만 원씩을 지불하는 학생들이 늘어나고 사회에 적응하지 못하는 사이버페인이라는 개념을 낳는 이슈를 만들기도 했다. 이후 '단군의 땅'과 같은 히트작이 계속해서 발표되어 많은 유저들의 사랑을 받았다.

광대역통신 인프라가 PC통신 기반에서 WWW(World Wide Web) 기반으로 옮겨가면서 자연스럽게 온라인 게임도 인터넷 기반으로 옮겨갔다. 텍스트로만 진행되던 게임이 그래픽화되어 일반 PC게임과 같은 그래픽 기반의 게임으로 재탄생되었으며 지금의 (주)넥슨을 일군 '바람의 나라'가 국내 최초의 MUG(Multi User Graphic)게임으로 서비스되었다. 현재까지도 서비스 되고 있는 '바람의 나라'는 국내 온라인 게임 역사의 산 증인으로 두터운 매니아층을 형성하고 있기도 하다.

1997년 국내경제는 IMF라는 국가적 경제 위기에 봉착하고 수많은 실업자들을 거리로 내몬 암흑의 시기를 보내야만 했다. 국가적인 도산이라는 경제적 위기 속에서 게임산업은 도약기를 맞고 있었으니 새옹지마라고 해야 할 현상이 나타나기 시작했다. '경제가 어려울수록 게임산업은 발전한다'는 속설이 맞아떨어졌던 것이다. 위축된 경제활동과 실업이라는 충격 속에서 많은 젊은이들은 스트레스를 해소하고 정신적 돌파구를 찾기 위한 방법으로 PC방을 찾았으며 당시 인기를 끌기 시작했던 '스타크래프트'와 '리니지'가 부각되기 시작한 것이다.

〈그림 1〉 Starcraft, Blizzard

〈그림 2〉 Lineage, NCsoft

　국가경제적 몸살을 심하게 앓고 난 우리의 정부는 국제경쟁력을 갖추기 위한 전략의 일환으로 IT강국을 표방하며 전국의 곳곳에 초고속 인터넷통신망을 구축하였다. 미국의 LA에서도 이메일을 보내기 쉽지 않았던 시절에 대한민국에서는 시골의 산골마을에서도 아주 편리하게 인터넷에 접속할 수 있었던 것이다. 몇 년 뒤 대한민국은 세계에게 초고속통신망 보급률 1위라는 타이틀을 얻게 되었고 자연스럽게 초고속통신망을 통해 개개인이 이용할 수 있는 콘텐츠의 수요가 급격히 늘게 되었다. 결과적으로 당연히 인터넷을 통한 온라인 게임은 마음껏 성장할 수 있는 시장을 확보하게 된 것이었고 동시접속자 10만 명이라는 사상초유의 온라인 게임을 갖게 된 것이었다.

　'리니지 1'과 '뮤'(MU)와 같은 게임들이 국내 온라인 게임시장을 장악한 이후 '리니지' 신화를 표방하는 포스트 '리니지' 게임들이 많이 개발되었다. 특히 '빅3'라 불렸던 웹젠의 '썬'(SUN), 한빛소프트의 '그라나도 에스파다(Granado Espada)', 넥슨의 '제라(Zera)'와 같은 대규모 자본이 투입된 대작들이 차기 MMORPG 시장의 패권을 차지하기 위해 시장에 뛰어들었으나 참패를 면치 못하였다. 당시 클로즈베타 서비스를 하던 블리자드의 'WOW'(World of Warcraft)는 참신한 콘텐츠와 게임성을 무기로 국내 온라인 게이머들을 사로잡기 시작했다. 이후 'WOW'는 전 세계적으로 최고의 MMORPG로 등극하며 국내는 물론 전 세계에 블리자드라는 명성을 다시 한번 떨치게 된다.

온라인 게임의 종주국을 자처하며 세계의 온라인 게임산업을 선도해가고 있음을 자랑스럽게 여기던 국내의 게임산업관련자들은 확고하게 자리를 잡은 'WOW'의 승승장구를 바라보면서 점차 위기감을 느끼기 시작했다. 특히 위메이드의 '미르의 전설'을 필두로 국산게임이 휩쓸던 중국시장 내부에도 중국산 게임들이 서서히 반기를 들기 시작했다. 국내 시장과는 비교할 수 없을 만큼의 규모와 인프라를 바탕으로 중국산 게임들은 과거 국산게임을 고스란히 받아들이던 소모시장이 아니라 자신들의 값싼 인력과 일정 수준에 다다른 게임 개발 기술을 무기삼아 오히려 국내 게임시장에 역수출하게 되었다. 2007년 CJ인터넷에서 퍼블리싱한 '완미세계'(完美世界)는 커다란 반향을 불러일으킬 만큼 중국산 게임의 완성도와 우수성을 보여준 게임이었다.

〈그림 3〉 World of Warcraft, Blizzard

〈그림 4〉 완미세계, CJ인터넷

게임선진국인 미국과 일본이 온라인 게임 개발에 박차를 가하며 조금씩 국내 게임산업을 잠식하고 있고 빠른 속도로 성장을 거듭하고 있는 중국의 온라인 게임도 이제는 무시할 수 없을 정도로 그 내용이 탄탄해져가고 있다. 온라인 게임의 종주국이라는 말을 쉽사리 꺼내기가 어색할 정도로 국산 온라인 게임의 위상이 실추되어가고 있는 것이다. 국내 게임산업을 이끌고 있는 유명게임 개발자들도 한결같이 국내 게임산업의 위기를 역설하고 있다. 시장의 변화에 적응하지 못하고 콘텐츠의 질적인 향상을 꾀하지 못하여 시대를 앞서가는 게임을 만들어내지 못한다면 화려하게 꽃을 피우기 시작한 우리의 게임산업은 한고비를 넘기지 못하고 다시금 외국산 게임의 소비시장으로 전락할 수 있음을 강조하고 있는 것이다. 따라서 게임을 현장에서 개발하고 있는 개발자는 물론 회사를 운영하는 경영진 그리고 산업의 방향을 결정하고 운용지침을 조정하는 정부부처와 시장을 구성하고 있는 국내 게이머들이 한마음이 되어 게임산업을 부흥시키기 위해 노력해야 할 시점이다.

2. 게임산업의 개요(槪要)

1958년 미국 뉴욕에 있는 브룩헤이븐 연구소의 윌리 히긴보섬(Willy Higginbotham) 박사가 오실로스코프(Oscilloscope)를 이용하여 최초의 전자게임을 발명한 이후 지금에 이르기까지 반세기 동안 게임산업은 그야말로 눈부신 도약을 해 왔다. 원자폭탄을 개발했던 맨하튼 프로젝트(Manhattan Project)의 일원으로 참여했던 히긴보섬 박사의 의지대로 인류에게 희망과 기쁨을 안겨다 주길 바라는 마음이 담겨있는 이 최초의 전자게임은 이후 최초의 컴퓨터 게임으로 알려져 있는 메사추세츠 공과대학(Massachusetts Institute of Technology)의 스티브 러셀(Steve Russell)과 그 친구들이 DEC PDP-I이라는 컴퓨터를 이용하여 개발한 '스페이스 워'(Space War)로 컴퓨터 게임의 시작을 알리게 되었다. 이후 ATARI의 창업자인 놀런 부시넬(Nolan K. Bushnell)의 '퐁'(Pong)을 통해 상업적인 대성공을 거두게 하고 게임산업의 기초를 마련하게 되었다.

50년이 지난 지금의 게임산업은 놀런 부시넬이 당시 500달러를 가지고 회사를 설립하여 5년 만에 자산규모 2천 8백만 달러의 회사로 성장했던 것과 마찬가지로 몇몇 소수 특정 엔지니어들의 전유물이었으며 장난감이었던 컴퓨터 게임은 현재 850억 달러 규모의 거대한 시장을 형성하는 문화콘텐츠로 탈바꿈하였다. 그 역사가 백 년을 훌쩍 뛰어넘는 영화시장보다도 더 큰 시장을 형성하며 21세기에 주목받는 분야로 주목을 받게 된 것이다.

(1) 게임산업의 분류

넓은 의미에서의 게임은 어린 아이들의 놀이, 장난과 같은 행위도 포함되며 모든 스포츠나

"

경기 혹은 내기, 도박과 같은 행위도 포함된다. 행위를 하는 행위자에게 어떤 형태로든 기쁨 혹은 즐거움, 쾌락을 가져다 준다면 이 또한 게임이라고 할 수 있다. 하지만 현재 우리가 일반적으로 게임이라고 일컫는 것은 이에 비해 아주 작은 분야인 컴퓨터를 이용해서 행위자에게 유희적인 행위의 결과를 얻게 하는 것을 말한다.

따라서 게임산업은 컴퓨터의 연산, 제어 및 기억능력을 이용하여 게임을 개발, 제작하고 사용자에게 공급하는 산업을 지칭한다. 게임에 대한 분류는 매우 다양한 방법이 존재하나 사용하는 플랫폼의 종류와 특징에 따라 플랫폼별로 구분하는 방법과 콘텐츠의 내용이나 구성형식에 따라 분류하는 장르적 분류가 일반적이다.

<표 1> 게임의 플랫폼별 분류

분 류	특징 및 유형
아케이드 게임	• 기존의 오락실, 게임장에서 사용되는 게임기기를 말하며 ROM을 사용한 기판형태와 스크린으로 구성된다. • 동전을 넣고 게임을 즐기는 형태를 취하며 특성상 고도의 집중을 요구하는 게임보다 간단한 시간 보내기 혹은 여흥거리가 될 만한 게임으로 주로 구성된다. • 최근에는 체감형 게임으로의 특징을 많이 취한다.
PC게임	• 개인용 컴퓨터를 기반으로 작동되는 게임을 말한다. • CD나 DVD 등의 저장매체를 사용하여 유통된다. • 개인용 컴퓨터에서 게임이 작동되어야 하기 때문에 주로 윈도우 기반의 OS에 맞는 저작도구를 사용하며 근래에는 DirectX라는 PC게임 전용 게임저작도구를 대부분 사용한다.
온라인 게임	• PC용 게임의 한 종류이나 인터넷을 통해 다수 간의 네트워크 플레이가 가능하다는 점이 다르다. • 일반적인 PC게임과는 달리 사용자의 PC가 게임을 작동시키는 것이 아니라 사용자의 PC는 하나의 단말기가 되고 실제 게임 작동에 대한 모든 프로세스와 데이터 처리는 인터넷으로 연결되어 있는 게임서버에서 처리가 된다.
콘솔게임	• 가정용 비디오(video)게임이라고도 하며 가정용 TV수신기와 연결해서 작동되는 게임전용 기기를 기반으로 작동되는 게임을 말한다. • 게임조작을 위해 전용컨트롤러를 갖추고 있다.

분 류	특징 및 유형
콘솔게임	• 근래에는 게임 기능뿐 아니라 종합 멀티미디어 기기로서의 역할을 수행하기 위해 다양한 연결포트 장착, 인터넷 서비스 제공, 가전기기 네트워크 구축, DVD 및 영화 감상, 음악 감상 등 다양한 기능으로 무장하여 홈 네트워킹 기술과 결합된 정보가전 단말기 형태로 발전하고 있다.
모바일 게임	• 개인용 통신단말기상에서 작동되는 게임을 말하여 흔히 핸드폰 게임이라고 일컫는다. • 핸드폰이나 PDA 등과 같은 통신기기에 내장되어 있거나 혹은 VM(Virtual Machine)을 이용해 단말기 서버에 접속하여 다운로드 받거나 혹은 WML(Wireless Markup Language)을 이용한 네트워크 게임 등이 있다. • 근래의 모바일 게임은 모바일 3D엔진을 사용한 풀3D 게임을 구현하고 있다.
휴대용게임	• 휴대가 가능한 포터블기기에서 작동되는 게임을 말한다. • 배터리로 작동하며 휴대가 가능하고 휴대하기 편리하도록 비교적 소형으로 제작된 게임기기 내부에 디스플레이 장치, 콘트롤러가 일체형으로 제공된다. • 최근에 발표되는 휴대용게임은 휴대용 게임기라는 개념을 혁신적으로 뛰어넘는 뛰어난 성능을 보여주고 있다.

〈표 2〉 게임의 장르별 분류

분 류	특징 및 유형
시뮬레이션 게임	• 현실세계의 특정 부분을 컴퓨터 가상세계에서 구현하여 게이머가 경험하게 하는 게임 • 현실에서는 구현 자체가 여러 원인으로 인해 어려움이 있는 대상을 현실과 동일한 조건 아래 대상 자체를 가상으로 재현하여 현실에서 간접적인 경험을 유도하기 위한 게임 • 일반적으로 조종시뮬레이션, 전략시뮬레이션, 육성시뮬레이션, 연애시뮬레이션, 경영시뮬레이션 등으로 나뉘며 근래에 들어 리빙시뮬레이션, 연주시뮬레이션 등 새로운 장르의 개척도 활발하게 이루어지고 있음.
롤플레잉 게임(RPG)	• 특정 캐릭터의 역할을 수행하며 일정한 목적을 달성해가는 게임 • 시초는 컴퓨터가 없이 이야기와 함께 대화를 통해 게임을 진행하는 테이블 토크 롤플레잉게임(Table Talk RPG)에서 유래 • '역할 분담' 혹은 '역할 수행' 게임이라고 할 수 있으며 하나의 선택한 캐릭터에 맡겨진 역할을 게임으로 수행 또는 풀어나가는 과정에서 캐릭터가 경험과 능력을 쌓아가게 하며 여러 괴물이나 적과의 전투와 등장인물들과 대화를 통해 여러 목적을 달성하고 여러 아이템들을 취득해 가는 게임 장르 • 진행방식에 따라 턴 방식 RPG와 실시간 액션 RPG로 구분되며 스토리텔링 구조에 따라 정통 RPG와 시네마틱 RPG로 구분됨.

분 류	특징 및 유형
어드벤처 게임	• 게이머가 단어를 직접 입력하거나 주인공에게 명령을 내림으로써 프로그램에 설정된 스토리를 완성해 나가는 게임. • 어드벤처 게임에는 어떤 경쟁적인 요소나 시뮬레이션적인 요소나 무엇을 계속적으로 관리하거나 전략, 전술로써 상대방을 무찔러야 하는 요소도 없으며 플레이어의 캐릭터와 상호 반응하는 이야기 구조가 있음. • 장르의 특성상 네트워크 플레이가 어려우며 시나리오의 재사용성이 빈약하여 반복적인 플레이가 어려움. • 영화적 연출기법의 사용이 가능하여 시각적인 부분에 대한 평가가 매우 중요하게 작용하는 장르임. • 게임 시나리오 작가의 능력이 매우 중요함. • 대화형 어드벤처와 액션 어드벤처로 세분됨.
액션게임	• 게이머의 반사 신경에 많이 의존하며 캐릭터를 조작하여 즐기는 게임. 격투게임, 슈팅게임 등의 하위 범주가 있음. • 적과의 전투에서 무기를 사용하는 것을 일반적으로 슈팅(shooting)이라고 하고 적과의 전투가 일 대 일 대전 형식으로 화려한 발차기 등의 육체적 기술로 이루어지는 게임을 대전격투라고 한다. 그 이외의 퍼즐 및 비폭력적인 액션을 추구하는 기타 장르로 구분함. • 슈팅은 스크롤 슈팅과 일인칭 슈팅으로 구분되며 일인칭 슈팅게임은 FPS(First Person Shooting)로 불리며 3D게임 개발 기술을 선도하는 장르임. • 대전액션은 2명의 캐릭터가 등장해서 각 캐릭터가 지닌 격투 능력을 발휘하여 상대방을 쓰러뜨리는 형식으로 진행됨.
스포츠, 레이싱게임	• 스포츠나 레이싱을 제재로 한 액션 게임 • 게임산업의 초창기에서부터 스포츠는 게임의 좋은 소재로 사용되어 왔으며 현재에 이르기까지 스포츠 게임은 매우 인기 있는 장르로 그 입지를 굳건히 지키고 있음. • 전형적으로 스포츠 게임의 구조는 매우 단순하며 주된 플레이는 스포츠 경기 자체를 재현하는 매치 플레이임. • 경기에서 발생할 수 있는 여러 가지 신체적인 움직임을 결정하기 위해 물리엔진을 사용함. • 근래의 스포츠 게임들은 대부분 유명 스포츠 선수를 게임의 모델로 등장시키고 있고 이를 마케팅 기법으로 적극 활용하고 있음.
퍼즐게임	• 주어진 명제를 풀어 가는 게임 • 일반적으로 게임 플레이가 플레이어의 완력이 아니라 머리를 이용해 풀어야 할 도전적인 장애물들로 구성된 게임을 일컬음. • 플레이어의 게임플레이를 방해하는 특정한 캐릭터가 없고 다만 도형 그 자체가 하나의 방해물이자 플레이어가 다루어야 할 도구로 사용되기 때문에 플레이어의 침착한 사고와 지적인 문제 해결 능력을 요구됨. • 일정한 혼란상태를 플레이어에게 던져주고 이를 규칙이 있는 정렬된 상태로 만들어 나가는 과정을 게임으로 옮긴 것이나 혹은 반대로 정렬된 상태를 파괴해서 혼란스러운 상태로 만들어 나가는 과정을 게임으로 옮긴 것
보드게임	• 장기나 마작 등과 같이 평평한 보드 위에서 즐기는 게임 • 대부분의 고전 게임들이 이 보드게임에 속하며 바둑, 장기, 체스 등의 전략보드게임과 카드놀이, 화투 등의 카드게임, 그리고 주사위를 던져서 그 결과에 의해 말판을 움직이는 주사위게임 등 몇 가지의 고유한 형태를 가짐. • 네트워크 게임 개발 기술의 발전으로 인해 대부분의 전통적인 보드게임들이 컴퓨터 게임화 되었으며 특히 게임포털을 중심으로 하는 캐주얼 온라인 보드게임으로 재창조되는 경향이 짙음.

(2) 플랫폼별 게임산업의 구조

게임산업은 게임의 동작 기반인 플랫폼에 따라 몇 가지 분야로 구분이 된다. <표 1>에서 설명한 바와 같이 기기의 의존도가 높은 게임산업은 그 플랫폼의 특징에 따라 상이한 시장구조를 갖고 있다. 게임콘텐츠를 구성하는 게임 데이터의 저장매체조차도 각 플랫폼별로 다른 매체를 이용하고 있기 때문에 유통과정이나 수익구조 및 수익모델도 서로 다르다. 각 플랫폼별로 시장구조를 분석하는 것은 플랫폼별 게임시장의 현황과 발전 가능성을 파악하는 데 반드시 필요한 과정이다.

❶ 아케이드 게임 시장구조

아케이드 게임은 시장 규모만으로 볼 때 전 세계적으로 가장 큰 시장을 형성하고 있다. 물론 이는 카지노나 성인용 오락실 등의 시장을 모두 포함하는 결과이기는 하나 플랫폼의 형식이 동일하고 유통과정이 유사하기 때문에 분리해서 취급할 수 없다. 초기의 게임산업을 이끌어 가던 플랫폼은 바로 아케이드 게임이었다. 최초의 상업용 게임기였던 '컴퓨터 스페이스'(Computer Space, 1971년, Nutting & Association, Nolan K. Bushnell) 역시 동전을 투입하여 게임을 즐기는 설치형 기기 형태를 띄고 있으며 주로 사람들이 많이 모이는 장소에 비치되었다. 이후 '마그나복스 오딧세이'(Magnavox Odyssey, 최초의 비디오 게임기, 1972년, Ralph Bear)가 개발되어 비디오게임기의 중흥기가 도래하고 PC게임과 온라인 게임이 게임산업을 주도해 가기 시작하면서 그 규모가 축소되고 사양길을 걷고 있다. 하지만 근래 들어 체감형 게임과

아케이드 게임의 네트워크화를 추진하면서 전성기를 되찾기 위한 돌파구를 모색하고 있는 실
정이다.

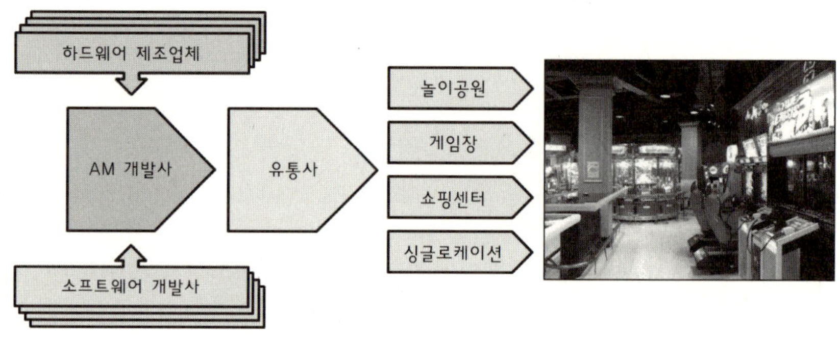

〈그림 1〉 아케이드 게임산업의 시장구조, 한국소프트웨어 진흥원 제공

아케이드 게임시장은 개발사, 유통사, 게임사업자로 구성된 비교적 단순한 시장구조를 갖
고 있다. 하드웨어 및 소프트웨어 개발사는 게임을 개발사에 제공하고 개발사는 게임기를 제
작하며 유통사는 공급받은 게임기를 게임장, 놀이공원 등에 공급하는 형태를 갖고 있다.

❷ PC게임 시장구조

　PC게임은 플랫폼의 특성상 수익구조가 매우 단조롭다는 단점을 갖고 있다. 개인용 컴퓨터가 사용하고 있는 플랫폼이기 때문에 게임콘텐츠는 기기 자체의 목적이라기보다는 기기의 가치를 높이기 위한 부가적인 콘텐츠로서의 역할을 수행할 수밖에 없다. PC게임이 상업적으로 구조적 문제점을 안고 있는 근본적인 원인은 바로 범용화된 플랫폼을 사용한다는 점과 저장매체에 대한 강력한 보안기능이 없거나 혹은 있어도 유명무실하다는 점이다.

　과거 국내에서 실력 있는 게임개발사로 인정받으며 자신만의 독특한 게임스타일로 유명했던 (주)손노리는 '화이트데이'(Whiteday)라는 국내에서는 최초로 시도되는 호러어드벤처 장르의 게임을 개발한 이후 경영난으로 급격하게 쇠락한 회사이다. 당시 화이트데이는 국내 게이머들에게 인상적인 기억을 남기며 입소문을 타고 많은 사용자가 플레이를 해본 게임이다. 하지만 정작 게임 개발의 주체인 손노리는 패키지를 2만 장 정도밖에 판매하지 못했고 게임패치 다운로드 수가 판매량의 200배에 다다르자 국내 PC패키지 게임시장의 구조적 한계를 통감하고 이후 PC패키지 게임 개발을 포기한다고 선언하는 사태에까지 다다르게 된다. 이후 국내 PC패키지 게임 개발의 산증인이라고 할 수 있는 (주)소프트맥스도 손노리와 마찬가지로 PC패키지 게임 개발을 중단하고 시장에서 철수하게 된다.

　이는 PC패키지 게임의 특성상 불법복제를 원천적으로 봉쇄할 수 있는 기술이 존재하지 않으며 국내 게이머들의 게임콘텐츠의 지적재산권에 대한 인식이 후진국 수준이라는 것을 대변하는 현상이었다. 몇 년이 지난 지금에도 이러한 문제는 쉽사리 해결되고 있지 않으며 급기야는 국내 게임시장을 야심차게 두드린 닌텐도코리아(Nintendo Korea)도 이와 동일한 문제를 공감하고 국내 시장에서 철수했다. 근원적인 문제점을 해결할 수 있는 새로운 기술이나 유통상의 구조적 해결책을 찾지 못한다면 앞으로도 PC게임시장은 회생의 가능성을 찾아볼 수 없으며 아이들을 위한 교육용 게임이나 혹은 번들용 게임으로 그 명맥을 유지할 수밖에 없다.

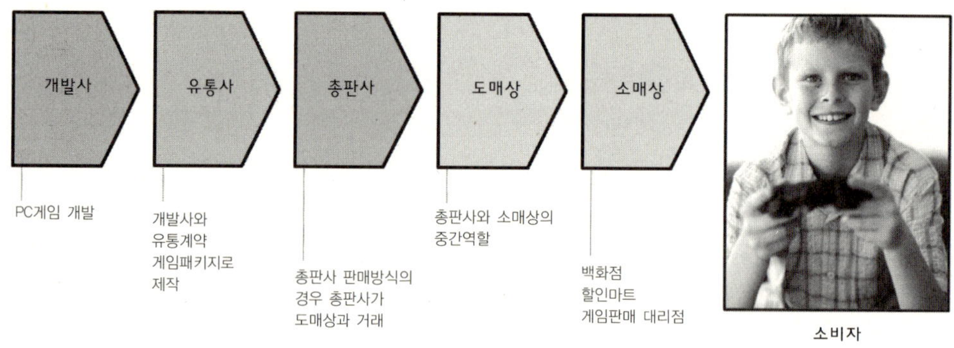

〈그림 2〉 PC게임산업의 시장구조, 스트라베이스 제공

PC게임은 〈그림 2〉와 같이 개발사에서 개발한 게임을 유통사에서 패키지제품으로 제작한 이후 유통채널별로 총판사를 선정한 이후 판매를 시작한다. 특징적인 부분은 일반적으로 비디오게임(콘솔게임)을 유통하는 대형 퍼블리셔들이 PC게임시장의 유통구조를 장악하고 있다는 것이다. EA(Electronic Arts), 비벤디 유니버셜(Vivendi Universal), THQ, Take Two 등이 이러

한 퍼블리셔의 대표적인 기업들이다.

총판사와 도매상을 거친 PC게임패키지는 백화점이나 할인마트 등에서 대부분 소비되고 있으며 용산전자상가와 같은 특정 지역 혹은 전국 각 지역의 게임판매 대리점을 통해 유통되는 구조를 갖고 있다.

❸ 비디오(콘솔)게임 시장구조

비디오게임의 시장구조는 타 플랫폼에 비해 폐쇄적인 시장구조를 취하고 있다. 다시 말해 게임 개발부터 판매에 이르기까지 누구나 다 참여할 수 있는 열린 구조가 아니라 플랫폼 홀더라고 불리는(<그림 3> 참조) 비디오게임기 하드웨어 개발사와 호의적인 관계에 있거나 직간접적 계약관계를 맺고 있어야만 시장 진입이 가능한 닫힌 구조를 갖고 있다는 것이다. 이는 일본에서 주도하고 있는 비디오게임기 개발사들의 오랜 정책적인 성향으로 과거 세가(Sega)나 닌텐도(Nintendo), 소니(Sony) 등 플랫폼 홀더들이 자신들의 하드웨어에서 작동되는 게임컨텐츠를 개발하는 독자적인 방법들을 발전시켜 왔기 때문이다.

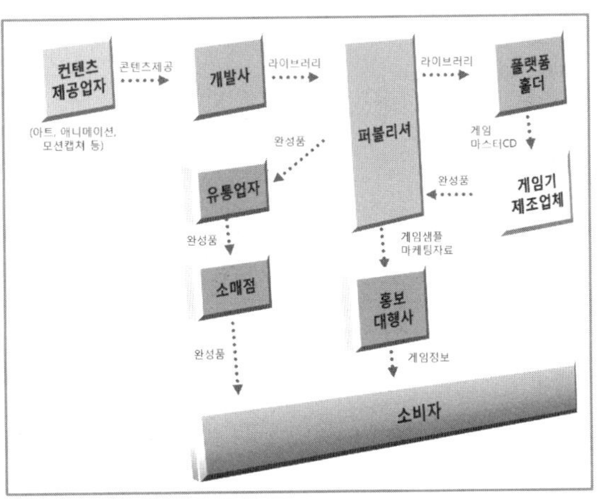

〈그림 3〉 콘솔(비디오)게임기 산업의 시장구조

따라서 퍼블리셔는 플랫폼 홀더와 개발업체 사이에서 매개자 역할을 담당하지만 최종 결정 권한을 가지고 있거나 실질적인 게임 개발 과정을 통제하는 강한 힘을 갖고 있지는 않다. 오히려 비디오게임기 시장에서는 게임기를 개발한 하드웨어 개발사, 즉 플랫폼 홀더들이 개발사의 선정부터 개발, 마케팅, 판매에 이르기까지 비디오게임시장의 모든 과정에 대해 절대적인 영향력을 지니고 있으며 실질적으로 관리하고 컨트롤 한다. 이는 자신들의 플랫폼에서 구동될 콘텐츠의 개발 구조를 공개하지 않고 공급계약을 마친 업체만 사용할 수 있는 권한을 부여하여 개발에 참여할 수 있도록 하기 때문에 가능한 것이다.

퍼블리셔는 필요한 라이센스 확보, 완성된 게임의 배송 및 유통채널과의 관계 유지, 게임 홍보 등을 담당하며, 비디오게임시장의 메이저 업체들은 플랫폼 홀더와 퍼블리셔를 겸업하는 것이 일반적이다. 세계적으로 대표적인 플랫폼 홀더는 소니, 닌텐도, MS(Microsoft) 등이 있다. 개발업체는 게임의 개발을 담당하는 업체로 퍼블리셔와 계약을 맺고 작업을 수행하며 여러 개발단계를 완료할 때마다 금액을 지불받는 구조를 취하고 있다. 개발사는 이러한 구조 속에서 계약의 체결내용에 따라 조금씩 상황이 달라지기는 하겠지만 대부분 안정된 게임 개발 자금조달 등의 문제를 해결할 수 있다는 장점을 있으나 개발이 끝난 이후 시점부터의 수익구조는 타 플랫폼에 비해 열악할 수밖에 없다는 단점이 있다.

❹ 온라인 게임산업 시장구조

온라인 게임이 지금과 같이 부흥하게 된 근원적인 이유는 PC패키지 게임시장에서 고질적으로 앓고 있는 불법복제 문제와 불안정한 수익구조라는 어려운 문제를 플랫폼적인 특징을 이용하여 명확한 해결책을 갖고 있기 때문이었다. 물론 '리니지' 신화라는 당시의 산업상황이 시너지 역할을 톡톡히 했지만 근본적으로 안정되고 명확한 수익구조를 갖고 있었기 때문에 PC라는 동일한 게임플랫폼을 사용하면서도 PC패키지 게임처럼 쇠퇴하지 않고 점점 더 발전할 수 있었다.

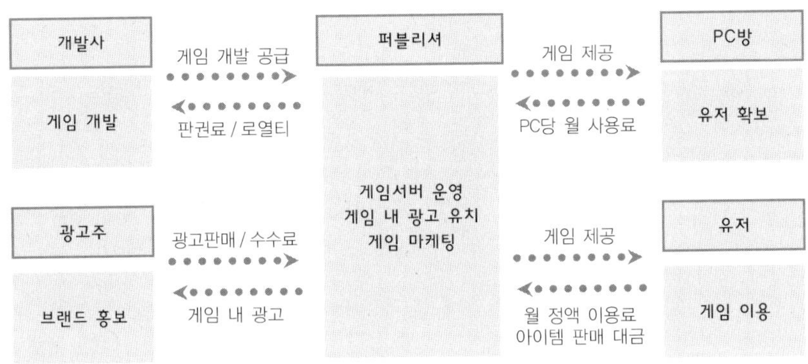

〈그림 4〉 온라인 게임산업의 시장구조. 스트라베이스 제공

온라인 게임시장은 게임을 개발하는 개발사, 게임을 유통하는 퍼블리셔, PC방 사업자, 광고주 등 다양한 이해관계들이 얽혀 있는 복잡한 산업구조를 지니고 있다. 특히 영세한 규모의 중소 개발사들은 게임의 완성을 위한 자금 조달 및 홍보와 마케팅을 위해 대형 퍼블리셔에 의존하는 경향이 있으며 개발사와 퍼블리셔 간 위탁 유통계약이 퍼블리셔에게 유리하게

이루어져 나중에 이익분배 등에 관한 갈등이 빈번하게 발생하기도 한다.

<표 3> 온라인 게임 업체의 구분 및 담당 업무

구 분	담당 업무	대표 업체
개발사	게임 개발 전문회사	위메이드, Grigon엔터테인먼트
퍼블리셔	게임 퍼블리싱 전문	앤씨소프트, 웹젠, 넥슨, 그라비티
개발사+퍼블리셔	게임개발사로 출발하여 퍼블리싱까지 담당	엠게임, CJ인터넷, 다음 게임
개발사+퍼블리셔	퍼블리셔이나 사내 스튜디오를 운영하며 게임 제작 병행	Actozsoft, Joyon

일반적으로 온라인 게임 구조상에서 게임업체라고 불리는 회사들은 개발사와 퍼블리셔, 두 가지 형태로 구분되며 게임 개발사는 게임을 기획하고 개발하며 테스트하는 일을 담당하고 게임 퍼블리셔는 게임을 위한 비즈니스 모델을 수립하고 판매전략을 비롯한 마케팅의 역할을 수행하는 구조로 형성되어 있다.

근래에 들어서는 대형 퍼블리셔들이 개발사의 영역까지 관여하고 있으며 대규모 자본과 마케팅 시스템을 앞세워 영세한 개발사들을 자회사 개념의 작은 스튜디오로 여러 개를 운영하기 시작했다. 이는 자본력의 절대적인 부족으로 인해 게임 개발 프로젝트를 완성시키는 데 어려움이 있는 영세한 게임개발사에게는 개발비를 수혈 받을 수 있는 좋은 기회이다. 동시에 퍼블리셔에게는 초기 개발의 부담을 덜어주고 쓸만한 게임을 다양하게 제공받을 수 있다는 의미가 있다.

❺ 모바일 게임산업 시장구조

전 세계적으로 이동통신 가입자가 13억 명에 이르고, 제공되는 무선망의 속도 및 단말기가 멀티미디어 서비스가 가능하도록 발전하면서 모바일 콘텐츠 시장이 크게 성장하고 있다. 모바일 콘텐츠 중 가장 주목받고 있는 분야는 모바일 게임이다. 세계적인 파이낸스 및 산업 전문가들은 모바일 게임시장의 성장과 발전에 큰 관심을 기울이고 있고, 다수의 리서치 회사들도 모바일 게임의 급성장을 예상하고 있다. 이동통신 사업자들도 다운로드가 가능한 단말기를 보유한 사용자들이 실제 게임을 다운로드하는 숫자가 지속적으로 증가한다고 보고하고 있어서 모바일 게임의 성장 가능성을 뒷받침해주고 있다. 또한 최근 인기를 얻고 있는 스마트폰(Smart Phone) 시장의 성장과 함께 아이폰(iPhone)을 필두로 시장 전체에 무서운 파급효과를 형성하고 있는 앱스토어(Appstore)는 모바일 게임산업의 새로운 시대가 열리고 있음을 시사하고 있다.

모바일 게임은 크게 싱글 게임(다운로드 게임), 온라인 게임, WAP 게임으로 구분할 수 있다. 초기 모바일 게임은 플랫폼 제한 및 단말기의 성능 한계로 용량이 크지 않은 단순한 다운로드 게임이나 퍼즐형의 WAP 게임이 주류를 이루었으나 최근 컬러폰 및 저장 능력이 대폭 개선된 단말기의 출현으로 보다 용량이 큰 복잡한 다운로드 게임과 온라인 게임이 성행하고 있다.

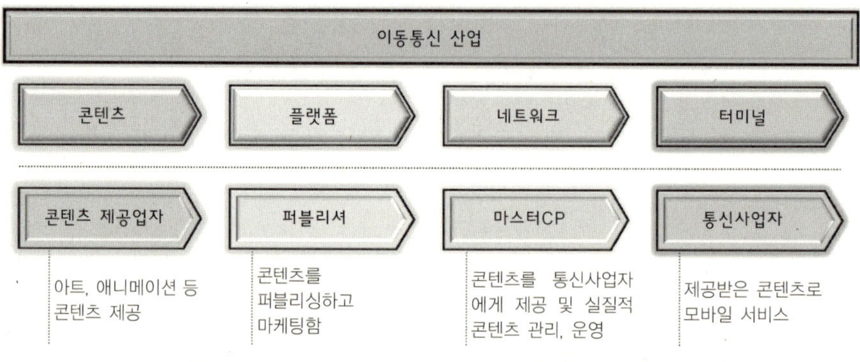

〈그림 5〉 모바일 게임산업의 시장구조

일반적으로 모바일 게임 자체만의 시장구조를 보면 콘텐츠제공업자(CP : Contents Provider) 와 콘텐츠의 실질적인 관리 및 운영을 담당하는 마스터 CP, 그리고 비디오게임의 플랫폼 홀 더와 유사한 의미를 띄는 이동통신사업자로 구성되어 있다. 하지만 최근 들어 애플(Apple)의 아이폰과 구글(Google)의 안드로이드폰(Android Phone)이 주도하고 있는 모바일 콘텐츠의 오 픈마켓(Open Market) 형성은 지극히 폐쇄적인 유통 구조를 갖고 있던 마스터 CP와 이동통신 사업자 그리고 콘텐츠 사용자 간의 구조적인 관계를 개인 CP와 모바일 콘텐츠 사용자 간의 직접 거래가 가능한 새로운 유통구조로 변화시키고 있다.

이는 국내 모바일 게임산업의 혁신이라고 할 수 있으며 특히 개인 개발자가 오픈마켓에 업 로드하는 게임콘텐츠가 세계 시장에서 상위에 랭크되어 단기간 내에 큰 수입을 올리게 되는 사태가 등장하면서 수많은 모바일 콘텐츠 개발자와 영세한 CP들이 아이폰 게임 개발에 열광하게 되는 계기를 제공하게 되었다.

명확한 것은 오픈마켓이라는 개념이 콘텐츠 사용자와 개발자들의 요구에 부응하는 새로운 물결이라는 것이다. 새로운 변화와 흐름에 국내 모바일 게임산업은 적극적으로 대응해야 할 것이며 빠르게 적응할 수 있는 대안을 마련해야 한다는 것이다. 새로운 패러다임에 빠르게 대처하지 못한다는 것은 시장에서 도태된다는 것을 의미하며 이는 반대로 새로운 성공의 기회가 열렸음을 의미하기도 한다.

(3) 게임산업의 특징

❶ 대표적인 고위험-고수익 사업이며 타 사업과의 연계가 용이하다

게임산업은 1960년에 도입된 이래 짧은 시간 동안 초고속 성장을 해온 산업으로 대표적인 특징은 부가가치가 높으며 모험성이 강한 산업이라는 점이다. 일반적으로 게임산업은 낮은 재료비와 높은 판매가격으로 인하여 부가가치 면에서 자동차나 가전산업보다 훨씬 월등한 가치를 창출하고 있으며 영화나 애니메이션과 유사하게 게임 자체의 흥행 여부에 따라서 하루아침에 높은 이익을 얻을 수 있는 대표적인 벤처산업이라고 할 수 있다. 게임산업은 초기 투자비용이 많이 소요되지 않는 인력중심의 S / W 개발 산업이다. 따라서 게임산업은 타 산업에 비하여 높은 수익성을 가지고 있으며 성공했을 경우 타 산업으로의 응용이 용이한 디지털 매체 제작 산업이다.

❷ 무형자산의 비중이 높은 산업이다

게임산업은 제조업과는 달리 커다란 공장이나 많은 종업원을 필요로 하는 사업이 아닌, 소수의 인원으로 사업을 시작할 수 있으며 다수의 획일적인 아이디어보다는 소수의 창의적인 아이디어에 의하여 성공할 수 있는 사업으로 개발도상국처럼 경제문제에 국가의 힘이 전력투구되는 국가보다는 경제문제와 아울러 삶의 질을 논할 수 있는 선진국에 보다 적합한 산업이라 할 수 있으므로 미래 지향적인 지식기반 산업이라 할 수 있다. 이에 국내에서도 10년이 조금 넘는 짧은 그 역사에도 불구하고 국가적으로 중요한 국책육성산업으로 부각되고 있으며 온라인 게임 분야는 세계적으로 그 시장과 기술력이 인정되고 있다.

이러한 특징에 따라 과거에는 소수의 능력 있는 개발자들의 열정과 땀에 의해 이끌어지던 게임산업은 점차 그 시장 규모가 확대되고 기반기술력이 향상됨에 따라 영화산업과 마찬가지로 양분화를 걷고 있다. 즉, 대규모의 자금이 유입되어 개발규모가 200억 원 가까이 되는 블록버스터(Block-buster)[1]급 개발사와 소수의 인원으로 게임성에 승부를 거는 저예산 게임개발사로 양분되고 있다. 최근에 와서는 전 세계 체인망을 가진 게임유통사가 등장하면서 게임제작도 소수정예의 원칙을 벗어나 글로벌한 경쟁력을 갖춘 게임이 제작되기 시작하면서 홍보마케팅 등에 수백만 달러가 투입되어 소규모의 게임개발사 및 제작사들의 입지가 점점 작아지고 있다.

---

1 원래는 제2차 세계대전 중에 쓰인 폭탄의 이름으로 한 구역을 송두리째 날려버릴 위력을 지녔다고 해서 블록버스터라고 하였다. 현재는 여름방학 등의 특정한 시즌을 겨냥하여 대규모 흥행을 목적으로 막대한 자본을 들여 제작한 영화를 말한다.

❸ OSMU(One Source Multi Use)가 가능한 산업이다

게임산업은 영상과 음향 등 멀티미디어 기술이 집약된 산업으로서 최근 멀티미디어화의 진전으로 세계적으로 급속하게 성장하고 있다. 더불어 인터넷의 발전에 따라 게임은 국경과 문화의 경계를 초월하는 핵심 콘텐츠의 하나로 각광받고 있다. 또한 게임은 그 특성상 브랜드 이미지와 캐릭터 상품 등 다양한 부가가치 파생상품을 활용할 수 있는 산업이기도 하다. 원 소스 멀티 유즈가 가능한 게임은 다양한 산업관계를 형성해나갈 수 있다.

즉, '리니지'와 같은 경우를 예로 들어보자. '리니지'는 개발 전 만화의 인지력을 바탕으로 게임에 대한 초기 지지기반을 확보하였으며 다시 게임산업의 발전을 기반으로 '리니지' 게임에 등장하는 캐릭터에 대한 캐릭터 산업을 활성화 시킬 수 있었다. 또한 이를 바탕으로 게임이나 디지털영상의 산업군으로 확대시킬 수 있었다. 따라서 게임산업은 원 소스 멀티 유즈라는 마케팅 기법에 최적화되어 있는 산업이라고 할 수 있다.

❹ 성장가능성이 높은 산업이다

게임산업은 상품의 지속성이 강한 산업이다. 게임은 상호작용이라는 다른 매체들과 구분되는 특징을 가지고 있기 때문에 몰입도가 높은 문화콘텐츠이고 반복 구매에 따른 상품의 지속성이 강한 콘텐츠 산업이라 성장성이 매우 크다는 특성도 지니고 있다. 성공한 영화들의 후속작은 실패하는 사례가 빈번하지만 게임은 후속작일지라고 전편보다 성공하는 작품들이 영화에 비해 많다. 이는 상품의 지속성이 강한 콘텐츠 산업이라는 것을 입증한다. 물론 제조업

과 같은 설비를 기반으로 하는 제품생산 산업이 아니기 때문에 실패에 대한 위험요소가 큰 산업이다. 시장의 규모에 비해 시장을 주도하는 게임은 소수의 인정받은 제품에 한정되며 수요의 불확실성이 높고 라이프사이클이 짧아 리스크(Risk)가 타 산업에 비해 상대적으로 높은 편이다.

❺ 비즈니스 모델 확보가 중요한 산업이다

온라인 게임산업의 경우 진입장벽이 타 산업에 비해 낮은 편이다. 물론 고도의 기술력을 요구하는 특정 장르의 게임이나 대규모 자본이 요구되는 대작들의 경우 쉽사리 시장에 접근할 수 없으나 캐주얼 게임이나 웹보드 게임의 경우 비교적 낮은 투자금액과 일반적인 기술력만으로도 게임 개발이 가능하고 시장진입도 가능하다. 또한 사용자들이 즐기는 대상게임의 교체주기가 길지 않고 충성도가 낮은 편이기 때문에 기존의 시장에 진입할 수 있는 기회가 열려있는 편이다.

단순한 현금 거래적 측면이 강하나 매출 확대를 위해서는 적절한 비즈니스 모델 확보가 매우 중요하다. 온라인 게임을 서비스하는 업체가 늘어나면서 많은 온라인 게임 콘텐츠가 인터넷콘텐츠 시장을 점하고 있고 과열경쟁의 양상을 보이며 무료로 게임을 배포하거나 부분유료화 정책 등을 과감히 펼치는 업체가 늘고 있다. 이러한 시점에서 일정기간 금액을 지불하고 게임을 즐기는 월정액 유료화 모델을 채택한다는 것은 가입자가 포화상태에 이르렀을 경우 추가적인 매출을 기대하기 어렵다는 위험요소가 있다. 때문에 게임을 즐기는 사용자들에게 자연스럽게 지갑을 열 수 있도록 유도하는 다양한 비즈니스 모델을 구축하는 것이 중요하다.

오픈베타(Open-beta)족[2]이 늘어나면서 생겨난 부분유료화[3] 정책의 등장도 이로 인해 발생한 다양한 비즈니스 모델 중의 하나라고 할 수 있다.

❻ 불법복제율이 매우 높은 산업이다

국내 게임시장에서의 소프트웨어 불법복제율은 전체 불법복제율의 60~70%에 이를 정도로 매우 높은 편이다. 국내 게임사용자에게는 선진국처럼 게임 소프트웨어를 정당한 대가를 주고 이용한다는 인식이 아직 부족한 편이기 때문에 게임산업 발전을 저해하는 큰 요인 중의 하나이다. 다운로드 방식, 복제품 무상배포, 계정 도용 / 공유 및 인터넷을 통한 유통 등의 불법복제가 빈번하게 일어나고 있기 때문에 불법복제를 근절할 수 있는 다양한 시도가 마련되고 있으나 실효를 거두지는 못하고 있다.

특히 패키지형태로 유통되는 게임콘텐츠가 고전을 면치 못하고 있는 것도 바로 이 때문이다. 비교적 수입원이 분명한 온라인 게임시장이 확대되고 있는 것도 이로부터 기인한다고 할 수 있다.

---

2 새로운 온라인 게임이 개발되어 오픈베타 테스트(Open–beta Test)를 시행할 때 테스트에 참여하는 유저들이 테스트 기간 동안만 게임을 플레이하고 유료화 시점에서 다른 오픈베타 테스트 게임으로 대다수 이동하는 현상이 생겼다. 이러한 현상을 주도하는 유저들을 일컬어 '오픈베타족'이라고 한다.

3 매달 일정 금액의 요금을 지불하는 월정액 방식의 부담을 갖는 유저들에게 기본적인 게임은 무료로 즐길 수 있도록 하되 게임의 재미를 부가하기 위해 특정한 스킬. 무기. 아이템 등을 구입하거나 게임 외적인 특정 기능들을 가능하게 해주는 부분에 대해 과금하는 과금 형태를 말한다.

3. 국내 온라인 게임산업의 발자취

미국과 일본에서 게임산업이 부흥기를 맞이할 1980년 후반에 국내에는 일본에서 수입된 게임기들을 중심으로 최초로 산업으로써의 그 자리매김을 시작하였다. 일본에서 수입된 '스페이스 인베이더'(Space Invader)나 벽돌깨기라는 이름으로 소개되었던 '브레이크 아웃'(Breake Out) 등이 오락실을 통해 청소년층에게 선풍적인 인기를 끌면서 시장의 가능성을 보여준 시기이다.

〈그림 1〉 신검의 전설, 남인환, 1987

이후 1987년 남인환씨가 APPLE-II 기반으로 개발한 국산 최초의 RPG인 '신검의 전설'이 국산 게임 개발의 신호탄을 쏘아 올리며 국내에도 국산 게임 개발이 시작되었다. 이후 막고야의 '세균전', 선풍적인 인기를 끌었던 미리내 소프트의 '그날이 오면', 그리고 손노리의 '어스토니시아 스토리' 등 상업적으로 성공하는 국산게임이 하나둘 생겨나면서 국내에도 게임산업이 정식으로 등장하였다.

미국이나 일본과 같이 비디오게임이나 아케이드 게임이 먼저 발전한 것과는 달리 국내 게임산업은 먼저 PC게임으로 시작하였다. 이는 하드웨어를 함께 개발해야 하는 비디오게임이나 아케이드 게임의 구조적인 특징 때문에 시장에 진입할 수 있는 장벽이 당시 게임 개발을 처음으로 시도하였던 국내 개발자들에게는 때 이른 시도였기 때문이다. 더군다나 게임 개발 기술 공개가 전무하던 당시에 국내에서 게임을 개발한다는 것은 말 그대로 맨땅에 헤딩하기나 다름없었다.

1994년에는 손노리의 '어스토니시아 스토리'가 개발되어 국내 게이머들에게 판타지 RPG라는 장르를 확실하게 인식시켜주는 계기가 되었으며 국내에서 RPG 장르가 고정 유저층을 확보하는 데 큰 기여를 하게 된다. 1995년에는 '신검의 전설'을 개발했던 남인환 씨가 엑스터시 엔터테인먼트(Ecstasy Entertainment)를 통해 '신검의 전설 2'를 개발하게 되고 미리내소프트는 우리나라의 고유한 문화를 소재로 게임을 개발하게 된다. '망국전기 – 잊혀진 나라의 이야기'가 그것이며 우리나라 고유의 문학작품에 등장하는 홍길동의 손자 홍세영의 이야기를 게임으로 소개하였다. 또한 국내 PC게임 개발업체의 자존심인 소프트맥스에서 PC게임시리즈 중 가장 많은 판매고를 올린 '창세기전'(The War of Genesis)을 개발하게 된다.

점점 게임산업의 규모가 확대되고 시장의 가능성을 보이기 시작하자 대기업에서 대규모 자본력을 바탕으로 하나, 둘 게임산업에 뛰어들기 시작했다. 1996년 이후가 바로 그 시기이며 이로 인해 게임시장으로 대기업의 자금유입이 발생했다. 하지만 대기업의 기업운영 속성상 위험요소가 큰 개발 분야에 투자한 것이 아니라 판권사업에 치중하였다. 이러한 업계의 분위기는 오히려 국내 게임산업에 역기능을 초래하며 시장을 어려운 상황으로 이끌어갔다. 어려운 상황에서도 소프트맥스는 '창세기전 2'라는 걸출한 게임을 선보였고 재미시스템의 '프로토코스'와 같은 게임이 출시되면서 그 명맥을 유지해 갔다.

〈그림 2〉 신검의 전설 2, Ecstasy Entertainment, 1994

〈그림 3〉 망국전기, 미리내소프트, 1994

〈그림 4〉 창세기전, 소프트맥스, 1994

〈그림 5〉 창세기전 2, 소프트맥스, 1996

(1) 온라인 게임시장의 태동(1990년대)

❶ MUD의 등장

1990년대 초반, 국내에서 개발된 게임들이 출시되고 정식으로 게임산업 시장을 형성해갈 무렵 PC통신이라는 새로운 기술과 콘텐츠가 대중들에게 소개되었다. 우리나라의 게임산업 시장을 이끌어가는 플랫폼은 누가 뭐래도 온라인 게임이다. 타 플랫폼 역시 나름대로 시장을 형성하며 국내 게임산업 발전에 기여해 온 것이 사실이나 국내 게임산업에 대해 논의하고자 할 때 온라인 게임을 빼놓을 수 없으며 앞으로도 온라인 게임이 게임산업의 주류를 이끌어갈 것이라고 생각한다. 따라서 국내 게임시장의 발자취를 더듬으며 우리 게임산업에 대해 이야기하고자 하는 이 시점에서 자연스럽게 온라인 게임시장 중심으로 이야기를 풀어갈 수밖에 없다.

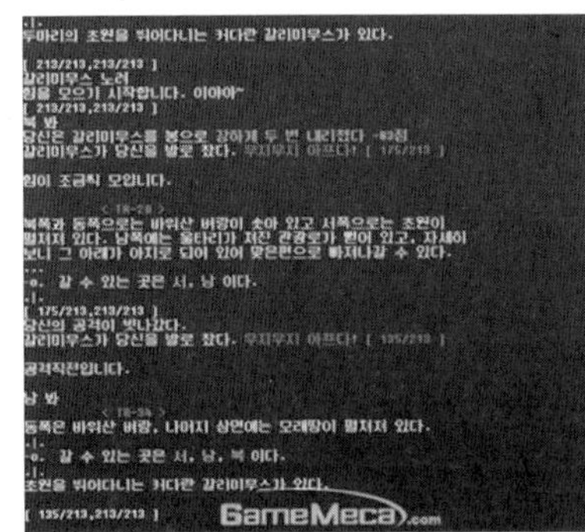

〈그림 6〉 쥬라기공원, 삼정데이터시스템, 1994

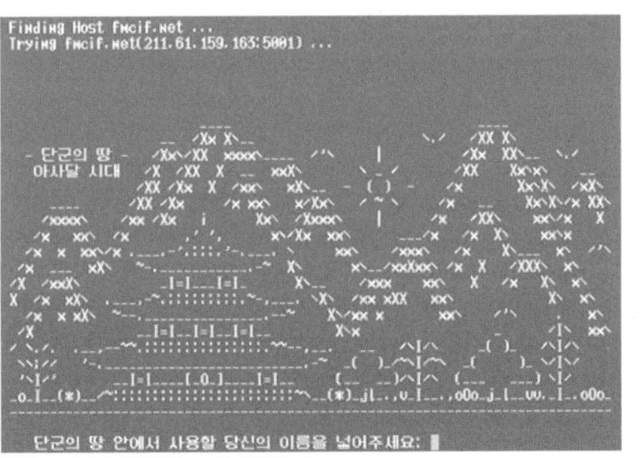

〈그림 7〉 단군의 땅, 마리텔레콤, 1994

국내에 온라인 게임이 선보인 것은 1994년이었다. 당시 PC통신의 BBS 기능을 이용한 초기 형태의 온라인 게임이었던 MUD(Multi User Dungeon)게임이 등장한 것이다. 삼정데이터시스템의 '쥬라기 공원'이 그 시작을 알렸고, 뒤 이어 마리텔레콤의 '단군의 땅'으로 많은 PC통신 유저들의 사랑을 받게 된다. MUD게임은 현재의 게임과는 많은 차이가 있었다. 가장 큰 차이점으로는 게임을 진행하는 내용이 그래픽이미지로 이뤄지지 않고 오직 텍스트로만 구성된다는 것이다. 다시 말해 게임 내에서 행해지는 모든 이벤트나 게임 진행 그리고 사용자의 명령과 피드백에 이르기까지 모든 게임플레이 요소는 텍스트로 인풋(Input)과 아웃풋(Output)을 처리하게 된다는 것이다.

지금의 사실적이고 화려한 그래픽 화면과 비교해보면 정말 유치한 수준의 게임이었으나 당시로서는 가상의 세계에 각지의 여러 사람이 모여서 함께 게임을 즐긴다는 것이 충격적이었으며 새로운 콘텐츠를 접한 사용자들은 그 새로운 재미에서 빠져나오지 못하고 '게임중독'이라는 새로운 신조어를 만들어 내기에 다다른다.

MUD게임은 1994년 한국 사회의 새로운 놀이문화로 등장했다. 머드란 용어는 영국의 R. 바틀과 R. 트럽쇼에 의해서 최초로 사용되기 시작했는데 국내에서도 이미 선구자적인 게이머들이 영어로 진행되는 MUD게임을 즐기기도 했다. 당시의 MUD게임은 그래픽이 전혀 사용되지 않고 텍스트로만 진행되었고 당연히 영어로 진행되었기 때문에 국내에서 머드를 즐기는 유저 수는 극히 미미했다.

'쥬라기공원'은 게임 내에서 파괴된 시스템을 복구하는 것이 목표였지만 게이머들은 그 안에서의 생활 자체를 즐기며 게임을 진행했다. 곧 현재의 온라인 게임과 비슷한 형태로 게임이 진행되며 온라인 게임의 모습을 서서히 갖추기 시작했다. '쥬라기공원'이 비록 MUD게임으로 선풍적인 인기를 끌면서 하이텔이나 천리안 등의 BBS(Bulletin Board System)[3]를 통해 서비스되던 게임만 무려 100여 종에 달하게 됐다.

비록 그래픽이 지원되지 않는 게임이지만 게임 자체의 중독성은 현재 온라인 게임에 비해 결코 뒤지지 않았다. 대학교를 중심으로 MUD게임이 선풍적인 인기를 끌었지만 고시촌이라 불리는 서울 신림동에서도 MUD게임이 유행했다. 게임의 중독성이 심해 한번 게임에 빠지면 고시를 포기하는 단계까지 가는 고시생이 늘어 MUD게임 경계주의보가 발령되기까지 했다는 후문이다.

당시 서비스되던 MUD게임수가 100여 종에 달했지만 MUD게임의 인기를 끌어올린 것은 한국적 색채가 강한 마리텔레콤의 '단군의 땅'이었다. 마리텔레콤 장인경 사장은 "지금의 온라인 게임에 비교할 수는 없지만 대단한 인기였다."며 "상상력을 기반으로 게임을 진행해야 하기 때문에 현재 서비스되는 온라인 게임과는 다른 재미가 존재했다. 비록 현재 게임을 즐기는 사람 수와 비교할 수는 없지만 항상 많은 사람들이 게임상에서 게임을 즐겼다."며 당시 인기를 회고했다.

현재 온라인 게임 업체들이 적극적으로 추진하고 있는 북미 진출도 MUD게임을 통해 처음 이뤄졌다. 야심차게 북미 진출을 감행했던 마리텔레콤의 '단군의 땅' 서비스를 통해 처음 벌어들인 돈은 26달러 40센트였다. '단군의 땅'이나 '쥬라기공원' 등은 텍스트 기반이라는 특징을 갖고 있었기 때문에 채팅과 유사한 점이 많았다. 또한 당시에는 현재와 같은 초고속 인터넷 인프라가 구축되기 이전이었기 때문에 지금의 온라인 게임처럼 수많은 유저를 끌어 모으

---

3 특정 형태의 네트워크(전화선)를 통해 접속하여 파일 및 정보를 공유할 수 있는 공간으로써 국내에는 하이텔이나 천리안 같은 대형 BBS들이 유명하다.

는 데에는 한계가 있었다. 많은 게임 개발 회사들은 이 같은 단점을 극복하기 위해 전혀 새로운 형태의 온라인 게임 개발에 매진하였고 MUD게임 기술의 한계를 뛰어넘는 새로운 게임을 1996년 등장시키게 된다.

❷ 온라인 게임 부흥을 알리는 MUG의 등장

1996년은 국내 게임산업의 역사상 아주 큰 전기를 맞게 되는 시기이기도 하다. 기존의 MUD게임이 한 단계 더 진화하여 MUG(Multi User Graphic)게임의 형태를 취하게 된다. 넥슨에서 기존의 MUG게임에 그래픽적 요소를 추가한 새로운 게임을 개발하여 선을 보이게 되는데 이것이 바로 지금까지도 서비스를 하고 있는 만화가 김진 씨의 동명만화를 게임화한 '바람의 나라'이다. '바람의 나라'는 간혹 세계 최초의 MUG게임으로 소개되기도 하는데 이것은 옳지 않다. 세계 최초의 MUG게임은 1991년에 발표된 AOL(American Online)의 '네버윈터나이츠 온라인'(Naver Winter Nights Online)이다. 세계 최초는 아니지만 '바람의 나라'는 현재의 MMORPG(Massively Multiplayer Online Role Playing Game)라는 개념을 대중들에게 각인시키게 되는 계기가 된다.

'바람의 나라'는 선풍적인 인기를 끌면서 국내에 MUG게임 시대의 도래를 알리게 된다. 이후 태울 엔터테인먼트의 '영웅문'이 개발되어 판타지 세계관이 아닌 무협을 소재로 하는 온라인 RPG가 서비스 되었다. 이러한 움직임들은 이후 국내 온라인 게임시장을 부흥시키는 밑거름으로써의 역할을 충실히 해내게 되고 '리니지'라는 국내 게임 역사상 최고의 작품을 탄생하게 만드는 계기가 되었다.

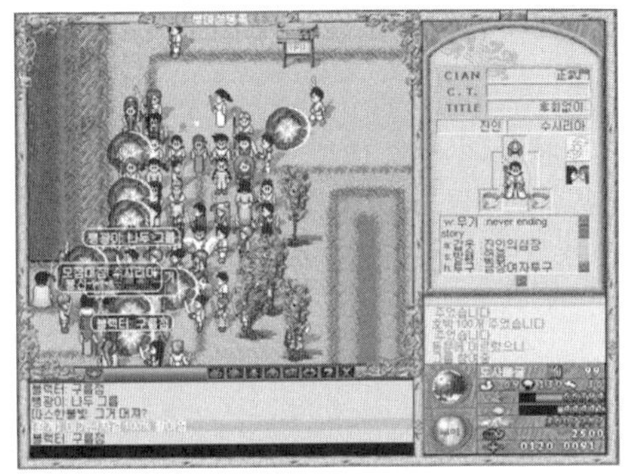

〈그림 8〉 단군의 땅, 넥슨, 1996　　　　　〈그림 9〉 Naver Winter Nights, AOL, 1991

❸ 온라인 게임 부흥의 서막 '리니지'

바람의 나라는 진정한 의미의 MUG라고 하기엔 부족한 면이 많았다. 내부적으로 기존의 MUD게임을 구성하는 핵심요소가 약 90%가량 그대로 구현되었고 이에 그래픽 요소가 나머지 10%를 채워 초기 형태의 MUG게임으로 인정되고 있는 것이다. 이에 반해 엔씨소프트의 '리니지'는 진정한 의미의 MUG 혹은 MMORPG라고 말할 수 있다. 만화가 신일숙 씨의 동명 만화 '리니지'[4]를 소재로 제작된 작품으로 8등신의 수려한 그래픽으로 무장한 캐릭터와 입체감을 높이기 위한 쿼터뷰(Quarter View)[5] 방식의 게임이었다.

'리니지'가 국내에서 2000년 12월 동시접속자 10만 명을 달성하면서 '리니지'가 갖는 의미가 남다르다는 것을 다시 한번 입증하게 된다. 이전에 서비스되던 온라인 게임들은 서버 기

---

4 이후 만화 '리니지'의 원작자인 신일숙 씨는 저작권 침해 문제로 엔씨소프트와의 저작권소송을 청구하게 되고 2001년 12월 27일 엔씨소프트는 신일숙 씨와의 저작권소송문제를 합의타결하고 신일숙 씨를 엔씨소프트의 고문으로 영입하면서 만화 '리니지'의 모든 저작권을 10억 원에 구입하는 사건이 발생한다.
5 쿼터뷰는 그래픽 표현 기법 중 하나로 원래는 건축에서 사용하는 아이소메트릭(Isometric) — 정확히는 엑소노메트릭(Axonomatric) — 의 일종이다. 이는 이차원적인 디스플레이 화면에서 삼차원적인 입체감과 원근감을 표현하기 위해 객체를 구성하는 기본축(x, y)을 비스듬히 배열하는 방법을 말한다.

술을 국제적으로 인정받지는 못했었다. 하지만 '리니지'는 어느 나라도 경험하지 못한 단일 게임 동시접속자 10만 명의 위업을 달성하고 서비스도 문제없이 원활하게 제공함으로써 국내 게임개발 기술이 국제적으로 인정받을 수 있음을 증명했다.

흥미로운 사실 하나는 당시의 어렵던 국내 경제상황이 '리니지'의 성공에 큰 기여를 했다는 점이다. 1997년 우리나라는 'IMF'라는 국가적인 경제 위기상황에 봉착했다. 외환보유고가 바닥을 보이고 국제적 신용도가 추락하면서 국내 경제에 미친 영향은 그야말로 참담했다. 수많은 중소업체들이 도산을 피하지 못했으며 개인 경제에도 파급효과를 불러 '신용불량자'라는 말을 어렵지 않게 주위에서 들을 수 있었던 시기였다. 칼바람 같은 구조조정을 겪으며 일자리를 잃은 젊은이들은 PC방 사업에 뛰어들기도 했고 참담한 마음을 달래보고자 PC방에서 게임을 즐기는 것이 일과가 되기도 했다.

특히, 블리자드에서 개발한 '스타크래프트'라는 걸출한 게임이 PC방을 통해 전 세계의 사용자들과 대전을 벌일 수 있게 되었고 사회적으로 소외된 젊은 퇴직자들과 가슴에 쌓인 울분을 분출할 대상을 찾지 못하고 있던 IMF의 희생자들은 이를 통해 에너지를 쏟아내게 된 것이다. 물론 이것이 IMF 시기의 PC방 문화를 활성화시키는 데 주도적인 역할을 했다고는 할 수 없으나 분명 기폭제 역할을 한 것은 사실이다. '리니지'는 이러한 상황에서 새로운 그래픽과 새로운 시도로 게이머들에게 어필하였고 이것이 바로 엔씨소프트라는 대한민국 최고의 게임개발사를 탄생하게 했으며 온라인 게임 종주국이라는 명칭을 얻을 수 있는 근간을 마련했다.

(2) 온라인 게임시장의 부흥(2000년대 초반)

2000년대 초반의 국내 온라인 게임시장은 국내 게임산업의 부흥기를 가져올 수 있었던 기초를 다진 시기라고 할 수 있다. '리니지' 이후 온라인 게임 콘텐츠에 대한 사용자들의 눈높이가 높아지면서 질적인 성장은 물론 양적인 성장을 가져왔다. 1999년 30어 개에 불과했던 온라인 게임업체들이 2000년대로 들어서면서 61개로 두 배 이상 증가했다는 사실은 당시 온라인 게임에 대한 사업적인 기대가 얼마나 컸는지 단적으로 이야기해준다. 특히 '리니지' 신화를 꿈꾸는 신생개발사들이 다양한 형태의 온라인 게임들을 쏟아내기 시작했다. 이소프넷의 '드래곤라자', 이야기의 '판타지포유', JC엔터테인먼트 '레드문', 액토즈 소프트의 '천년', 시멘텍의 '헬브레스', 위즈게이트의 '다크세이버' 등이 2000년을 장식한 대표적인 온라인 게임들이다. 이 시기 게임들의 특징이라면 수십억 대에 이르는 막대한 투자금(200억 원 이상이 투입되는 현재의 블록버스터급 게임에 비하면 많지 않지만 당시로서는 매우 큰 규모였음), 그리고 중국, 대만 등 동아시아 지역의 수출 등으로 화려하게 데뷔했다는 점이다.

게임업계에서는 '아류작은 성공하지 못한다'라는 일종의 법칙이 있다. 이 시기의 게임들은 이 법칙을 재입증하는 결과를 가져오기도 했다. '리니지'의 성공만을 좇은 나머지 게임의 내실을 기하기보다는 게임을 과대 포장하는 바람직하지 못한 마케팅과 수출에 너무 집중했기 때문에 초반의 인기를 유지하지 못하고 사용자들에게 외면을 받게 되는 결과를 낳았다.

국내에서 인기 있는 게임들의 장르를 살펴보면 주로 RPG와 전략시뮬레이션 쪽으로 편중되어있다는 것을 알 수 있다. RPG장르가 온라인 게임의 주된 장르로 자리를 확고히 잡은 것

도 바로 이 시기이다. 물론 장르적인 특성상 MMO(Massively Multi Online)라는 개념이 RPG가 최적의 장르라는 원인이 있기도 하지만 '바람의 나라'나 '리니지'와 같이 초기에 선풍적인 인기를 끌었고 상업적으로도 대성공을 거둔 게임들이 바로 RPG장르라는 점이 더욱 크게 작용했다.

〈그림 10〉 드래곤라자, 이소프넷, 2000

〈그림 11〉 레드문, JC엔터테인먼트, 2000

〈그림 12〉 헬브레스, 시멘텍, 2000

〈그림 13〉 천년, 액토즈 소프트, 2000

❶ 국산게임의 중국 진출 및 해외 진출

2001년은 국산게임의 중국 진출 원년의 해라고 할 수 있다. 2001년의 게임산업시장은 비약적인 발전을 거두어 1999년 시장 전체의 규모가 20억 원이던 것에 반해 2000년에는 1200억 원, 2001년에는 2000억 원 규모로 비약적인 성장을 거듭했다. 시장의 규모가 커지면서 국내에서 동시접속자 10만 명을 넘는 게임이 등장했고 국내 시장이 어느 정도 성장하자 외국으로 눈을 돌리기 시작한 때였다. 특히 중국은 숫자적으로 엄청난 잠재유저를 가진 꿈의 시장으로 문화권도 우리와 동일한 동양문화권에 속해있어 우리의 온라인 게임이 중국에서 크게 거부감 없이 수용될 것이라는 기대감 때문에 더욱 그러했다.

중국에 진출한 게임 중 그 성과가 두드러진 것은 위메이드가 제작하고 엑토즈소프트가 출시한

'미르의 전설 2'이다. '미르의 전설 2'는 중국 내 시장에서 동시접속자 50만 명을 기록하며 작은 벤처기업인이었던 '천텐차오'를 현재 중국 최고의 게임업체인 '샨다'의 사장으로 만들어 주었다. 천 회장은 '미르의 전설 2'를 중국에 서비스하면서 2년 만에 중국에서 여섯 번째로 돈이 많은 갑부로 성장한다. 하지만 그는 자신을 중국 갑부 반열에 오르게 만들어준 '미르의 전설 2' 공동개발사인 위메이드엔터테인먼트 및 엑토즈소프트와 이익배당을 둘러싼 갈등으로 결별하고 같은 해 '미르의 전설 2'와 세계관 및 인물 등이 매우 흡사한 '전기세계'라는 게임을 서비스한다.

위메이드는 이에 '전기세계'가 '미르의 전설 2'를 표절한 것으로 간주하고 자사의 지적재산권을 침해했다는 이유로 중국 법원에 소송을 제기했으나, 이에 천회장은 표절시비를 잠식시키기 위해 막강한 재력을 바탕으로 '미르의 전설 2'의 공동제작권을 갖고 있고 위메이드의 지분 40%를 보유하고 있는 엑토즈소프트를 인수하여 한국 게임업계를 깜짝 놀라게 했다. 한편 위메이드와 함께 '미르의 전설 2'의 저작권과 국내외 판권을 소유하고 있던 엑토즈소프트가 샨다에 인수합병되면서 중국인민법원에 제기했던 저작권 소송은 난항을 거듭했다. 결국 2007년 2월 위메이드는 '전기세기'의 저작권을 인정하는 것으로 국제적인 저작권 소송은 마무리되었다.

❷ 부분유료화 과금의 정착

PC패키지 게임 위주였던 국내 게임시장에서 온라인 게임이 급속도로 성장하게 된 원인 중의 하나는 수익모델이 명확하다는 것이었다. 불법복제에 큰 타격을 입었던 게임업체들은 계정이 해킹되지 않는 한 수입원이 명확한 온라인 게임에 매력을 가질 수밖에 없었다. 때문에 대부분의 PC게임업체들이 온라인 게임으로 개발방향을 선회하였다. 2001년 게임산업의 전체 매출이 약 2,000억 원으로 급상승했으나 이 중 1,200억 원이 '리니지'의 단일 매출이었다는 것은 내부적으로 심각한 문제가 있었음을 말해준다. 특히 국민게임으로 잘 알려진 CCR의 '포트리스'는 무료로 사용자들에 공개되어 서비스되고 있었다. CCR은 대다수 사용자들의 반대로 인해 게임의 유료화 시점을 결정할 수 없었으며 대안으로 마련한 방법이 PC방 유료화 과금정책이었다.

당시 온라인 게임을 주로 즐겼던 장소가 PC방인 점을 감안했을 때 적절했다는 평가를 받지만 PC방을 운영하고 있는 사업주들에게는 청천벽력과도 같은 사건이었다. 이에 당시 PC방 협회에서는 CCR 회사를 직접 방문하는 한편 대대적인 시위를 펼치는 등 PC방 유료화 과금정책을 강하게 비난했다. 결국 PC방 유료로 사건을 일단락됐지만 이 일로 인해 온라인 게임 업체들과 PC방 사업주들 간의 신경전은 지속됐다. 한때 온라인 게임을 발전시키기 위해 동거동락 했었지만 CCR과 PC방 사업주와의 갈등은 적과의 동침이라는 새로운 현실을 만들어냈다. 당시 상황에 대해 한 업계 관계자는 "PC방 사업주들과 CCR의 갈등구조 양상은 좀 더 빠르게 성장할 수 있는 게임산업에 찬물을 끼얹은 것일 수도 있다."며 "만약 그 당시 그런 일이 없었다면 PC방도 이처럼 쇠약해지진 않았을 것"이라며 아쉬워하는 모습을 보였다.

이후 포스트 '리니지'를 꿈꾸며 시장에 야심차게 진출했던 많은 온라인 게임들은 대다수가 유료화에 실패하면서 정액요금제를 포기하고 차선책을 찾아야만 했다. 많은 게임들이 무료로 게임을 즐길 수 있는 오픈베타 테스트 기간을 길게 잡아 접속자 수를 늘려 이런 상황을 타개하고자 했다. 하지만 이런 개발사들의 전략은 결과적으로 오픈베타 테스트 기간에만 게임을 즐기고 상용화에 들어가면 게임을 그만두는 소위 '오베족'을 양산해냈다.

이런 상황의 반복은 업체들로 하여금 게임의 상용화를 포기하고 무료화를 단행하도록 했으며, 오픈베타 테스트에서 확보한 유저들이 게임아이템만 별도로 구매하게 만드는 부분유료화 과금시스템을 정착시켰다.

부분유료화는 현재 미국, 유럽, 중국 등 타 지역에서도 많은 관심을 받고 있는 과금형태이지만, 당시에는 정액제 게임으로는 수익을 내지 못하던 업체들이 울며 겨자 먹기식으로 채택할 수밖에 없는 차선책이었다.

❸ 온라인 3D게임의 시대

3D게임 시대의 도래는 필연적인 것이었다. 2D게임은 3D게임으로 진화하기 위한 전단계일 뿐이었다. 3D게임은 입체적인 현실세계를 그대로 모델링 할 수 있으며 시점의 자유로운 변화와 줌 인(Zoom in), 줌 아웃(Zoom out)이 가능한 새로운 기술이었다. 존 카멕(John D. Carmack Ⅱ)과 존 로메로(John Romero)가 설립한 ID소프트의 '둠'(Doom)으로 시작하여 '퀘이크'(Quake)에서 완성된 Full 3D Graphic Game 기술이 온라인 게임에도 적용되기 시작한 것이다. 당시에는 네트워크 속도문제로 인한 온라인 3D게임의 구현 가능 여부가 게임 개발 기술의 이슈가 되었었다. 이러한 시기에 국내 게임시장에 당당하게 등장한 것이 웹젠의 '뮤'이다.

물론 최초의 온라인 3D게임은 따로 있다. 1995년

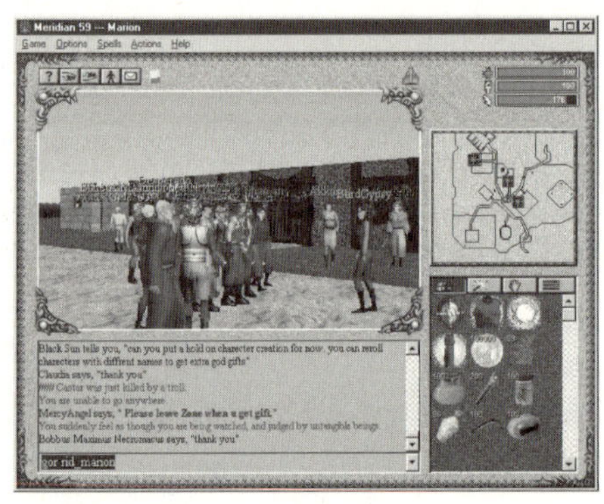

〈그림 14〉 매리디안59. 3DO. 1995

에 3DO사에서 개발하여 서비스한 '매리디안59'(Meridian59)가 바로 그것이다. 하지만 '매리디안59'는 서비스되던 미국의 인터넷 인프라가 지금처럼 활성화되기 이전의 시기에 발표되었기 때문에 큰 인기를 누리지는 못했다. 하지만 세계 최초의 3D 기반 온라인 RPG로 그 의미가 남다른 게임이다.

'뮤'가 등장하기 이전에 코디넷에서 개발한 '엘카르디안'(El Kardian)이 국내에서 최초로 개발된 온라인 3D게임이었다. 시기적으로 이른 점도 있었고 완성도 면에서 부족했던 엘카르디안은 국내 최초의 온라인 3D게임이라는 타이틀만으로 만족해야했고 3D MMORPG의 진정한 승자의 자리는 후발주자였던 웹젠의 '뮤'에게 내줘야 했다.

〈그림 15〉 엘카르디안. 코디넷. 2000

〈그림 16〉 뮤. 웹젠. 2002

온라인 3D게임 등장은 온라인 게임시장에 파란을 불러일으켰다. '리니지'와 '바람의 나라' 등이 큰 인기를 끌면서 이와 비슷한 아류작이 속출하는 가운데 온라인 3D게임의 등장은 신규시장의 가능성을 열어주었다. 온라인 3D게임의 리더는 단연 웹젠의 '뮤'라고 할 수 있다. 당시에는 게임업계 누구도 웹젠의 개발진이 온라인 3D게임을 개발할 것이라 생각하지 못했었다.

특히 서비스를 시작한 이후에도 문제점은 많았다. Full 3D Graphic Game을 구동하기 위해 처리해야 하는 대용량 게임데이터를 전송하는 과정에서 발생하는 오버플로우(Overflow)[6] 현상과 랙(Lag)[7] 현상은 웹젠이 넘어야 할 과제로 등장했다. 그러나 웹젠은 서버 문제를 해결하며 온라인 3D게임의 새로운 역사를 쓰기 시작했다. 이와 함께 나코인터랙티브의 '라그하임'도 온라인 3D게임 개발을 부채질했다. 당시 '라그하임'을 서비스했던 나코인터랙티브는 서버 기술력이 뛰어나다는 평가를 받았으며 3D로 제작한 온라인 게임이 충분히 서비스 가능하다는 점을 보여줬다.

온라인 3D게임의 태동은 국내 온라인 게임 업체들에게 신규유저 창출과 함께 틈새시장 공략이라는 숙제를 해결해줬다. 그동안 '리니지'와 '바람의 나라', '포트리스' 등이 전체 온라인 게임시장을 차지했던 상황에서 온라인 3D게임의 등장은 메마른 온라인 게임시장에 단비 역할을 하게 된 것이다.

이와 함께 온라인 3D게임의 등장은 다양한 기술력으로 무장한 차세대 게임의 등장을 예고했다. 카툰렌더링[8] 방식의 온라인 게임의 등장을 가능하게 했으며 또한 배경은 3D이지만 캐릭터는 2D인 '라그나로크'란 게임도 태동시켰다. 새로운 기술의 등장은 새로운 게임의 등장

---

6 오버플로우는 사전적으로 넘쳐흐른다는 뜻의 용어로, 컴퓨터 분야에서 특히 많이 사용되는 용어이다. 또 다른 용어로는 버퍼 오버런이라고도 하며, 메모리를 다루는 데에 오류가 발생하여 잘못된 동작을 하는 프로그램 취약점을 말한다.
7 보통 컴퓨터 통신이 일시적으로 지연되는 것을 나타내는 말이다. 하지만 가끔 컴퓨터의 입력장치 등이 일시적으로 응답이 없는 것을 가리키는 말로도 쓰인다. 전문적인 용어로는 패킷이 컴퓨터에서 목적지로 전송된 뒤에 다시 돌아올 때까지 지연되는 시간을 말한다.

을 의미하고 이는 온라인 게임시장을 더욱 확장시켰다는 의미로 해석할 수 있을 것이다.

2002년으로 접어들면서 3D를 표방한 온라인 게임들이 대세를 이루게 된다. 웹젠의 '뮤'를 필두로 나코인터렉티브의 '라그하임', 프리스톤테일(지금의 예당온라인)의 '프리스톤테일' 등 3D MMORPG가 줄줄이 시장에 출시되었다. 이 밖에도 '크로노스', '릴온라인', '샤이닝 로어', '엔에이지', '씰온라인', 'A3', '프리스트' 같은 3D MMORPG들이 2002년을 장식했고 2003년 서비스를 시작한 '리니지 2'에서 절정을 이루었다. 특히, '리니지 2'의 경우 최초 공개된 시점에서 가장 우려되는 바는 게임이 너무 고사양의 컴퓨터를 요구한다는 것이다. 하지만 막상 게임을 서비스한 이후에 그런 걱정이 단순한 기우였음을 알 수 있었다.

〈그림 17〉 릴 온라인, 가마소프트, 2002

〈그림 18〉 크로노스, 리자드인터렉티브, 2002

8 카툰렌더링(Cartoon Rendering)이란 NPR(Non-Photorealistic Rendering)이라는 렌더링 방식 중의 하나이다. 3D로 구성된 화면을 의도적으로 2D의 만화와 같은 느낌을 주도록 변형해서 그려내는 방법으로 넥슨의 '마비노기'에 사용된 렌더링 방식이 카툰렌더링 방식이다.

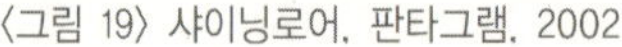

〈그림 19〉 샤이닝로어, 판타그램, 2002

〈그림 20〉 A3, 액토즈소프트, 2002

 "컴퓨터 하드웨어가 게임을 선도한다."는 일반적인 상식을 깨뜨리고 '리니지 2'를 즐기기 위해 사용자들이 자신의 컴퓨터 사양을 업그레이드하는 현상이 발생한 것이다. 당시 유행했던 마케팅 방식 중 하나는 '리니지 2'를 즐기기에 무리가 없는 고성능의 그래픽카드와 '리니지 2'의 공동 프로모션이었다. 사용자들은 너도나도 '리니지 2'를 최적의 상황에서 즐기기 위해 아낌없이 지갑을 열고 성능 좋은 3D 그래픽카드로 업그레이드하였다. 이후 과거 '스타크래프트'가 인기를 얻을 수 있었던 원인 중 하나로 꼽혔던 '범용적인 시스템에서도 무리 없이 가동되는 게임'을 만들어야 한다는 개발자들의 강박관념 내지는 제한사항이 사라지게 된 것이다.

 또한 이 시기에는 국내 게임시장에 악재로 작용했던 사실이 하나 있었다. 그것은 해외의 온라인 게임들이 하나, 둘 국내 온라인 게임시장의 문을 두드렸다는 것이다. 다행히도 그 성

과는 썩 좋지 못했다. '에버퀘스트', '다크 에이지 오브 카멜롯', '애쉬론즈콜 2' 등 유명 개발
사나 개발자에 의해 제작된 온라인 게임들이 한국시장에 도전했지만 결국 얼마 못 가 서비스
를 종료해야 했다. 이때부터 뿌리 깊게 박힌 "해외게임은 한국에서는 안 된다."라는 통념은
'월드 오브 워크래프트'(WOW)가 전 세계적으로 메가히트를 치기 전까지 지속된다.

〈그림 21〉 에버퀘스트2, 소니, 2002

〈그림 22〉 다크 에이지 오브 카멜롯, Mythic, 2002

❹ 거대한 물결 'WOW'

외국산 유명 온라인 게임들이 줄줄이 국내 시장에서 참패를 거듭하며 국산 온라인 게임의
부흥기를 일구어갔던 2003년에 커다란 태풍의 조짐이 보이기 시작했다. 2003년 10월 국내에
서는 그 이름만으로도 이슈가 되는 블리자드가 이미 출시된 자사 게임들의 세계관을 완성시

킨 야심작 MMORPG '월드 오브 워크래프트'(이후 'WOW')의 직배를 선언하였다. 그리고 5개월 뒤 'WOW'의 클로즈베타 서비스(Closed-beta Test)를 감행하였다.

대다수의 사용자들은 물론 여러 전문가들조차도 외국산 MMORPG의 참패를 사례로 제시하며 'WOW'의 실패를 예견하였다. 하지만 불행하게도 블리자드는 그 이름값에 걸맞게 국내 온라인 게임시장을 초토화시키는데 성공했다.

2004년 11월 국내 정식 서비스를 시작한 'WOW'는 고정관념을 하나씩 깨가기 시작했다. 블리자드 코리아를 통해 직배로 공급된 'WOW'는 오픈 6일 만에 서버를 44대 증설하며 폭발적으로 세력을 확장해 나갔다. 당시 게임트릭스의 자료에 의하면 2004년 11월 'WOW'의 오픈베타 테스트 직후 '리니지'와 '리니지 2'는 이용률이 각각 12.04%, 25.24% 감소했으며, 'RF 온라인'의 경우 55.69%가 감소했다. 또 '바람의 나라', '거상', '나이트 온라인' 등이 20%대의 이용량 감소를 보이며 'WOW'의 후폭풍을 맞은 것으로 나타났다.

'WOW'는 2005년 1월 상용화를 단행하며 24,750원(리니지 29,700원)이라는 가격을 책정해 유저들의 반발을 샀다. 한국 유저들은 패키지로 판매되는 해외의 판매방식을 감안하더라도 국내의 요금이 높다고 불만을 터뜨렸다. 이런 상황은 '와우 불매운동'으로까지 번졌으나 결국 그해 4월에 90일 이용요금을 8% 정도 인하하는 선에서 마무리 됐다.

그러나 불매운동에도 불구하고 높은 게임성을 바탕으로 한 'WOW'의 상용화는 수치상으로 순조롭게 진행되며, "비싸면 하지 말라."라는 배짱 마케팅의 진수를 보여줬다. 이후 블리자드는 2006년 4월 'WOW' 서비스 1주년을 기념해 30일에 19,800원으로 가격인하를 실시했다.

전반적으로 봤을 때 2004년과 2005년은 외부의 충격과 내부의 진통으로 인해 한국 게임계의 성장통이 시작된 시기라고 볼 수 있다. 이러한 상처들은 2006년에 들어서면서 '내부혁신'의 모습으로 나타나기 시작한다.

〈그림 23〉 World of Warcraft, Blizzard, 2004

❺ 캐주얼 게임(Casual Game)의 전성기

국내 온라인 게임시장의 문제점을 논할 때 빠지지 않았던 것 중의 하나가 '장르적인 편식'이었다. 실제로 MUD게임이 서비스되기 시작했던 1994년 이후 국내 온라인 게임시장의 대부분은 RPG장르의 게임들이 주를 이루었고 국내 온라인 게임의 자존심인 '리니지' 시리즈도 역시 RPG장르의 게임이다. 이러한 RPG장르는 장르적 특성상 게임의 규모가 클 수밖에 없으

며 라이트유저들이 쉽게 접근할 수 없는 하드코어적인 성향을 지니고 있다. 물론 이런 점 때문에 게임에 대한 충성도가 높아질 수 있었다는 장점도 있기는 하지만 시장 전체의 발전과 확산에는 저해요소로 작용할 수밖에 없었던 것이다.

이런 흐름을 타파한 것이 국민게임이라 불리는 CCR의 '포트리스'(Fortress)였다. 포트리스를 시작으로 라이트유저들의 잠재시장이 거대함을 직감한 국내 게임 개발업체들은 캐주얼 게임으로 눈을 돌리기 시작했다. 사실 MMORPG는 성공했을 경우 대박이라 일컬을 만큼 수익 면에서 그 기대치가 매우 높지만 엄청난 물량을 요구하는 큰 스케일의 게임이라 그만큼 엄청난 규모의 개발비가 소모되었다. 더군다나 '리니지' 이후 국내에서 성공한 MMORPG를 찾기 힘들었기 때문에 업계에서 MMORPG를 기피하게 되는 현상을 낳기도 했다.

2004년은 이러한 문제에 대한 대안으로 온라인 게임 개발의 주된 대상 장르였던 RPG를 탈피해서 다양한 장르로의 변화를 시도한 시기였다. 온라인 게임은 MMORPG 일변도의 급성장에서 벗어나 '04년 하반기부터는 캐주얼 게임이 시장의 주류로서 온라인 게임시장의 성장을 견인하고 있다. 이는 사용자의 연령층이 확산되고 여성 사용자들이 증가하면서 온라인 게임에 대한 사용자 요구 스펙트럼이 매우 다양해졌기 때문이다. 특히 고도의 몰입성과 장시간의 투자 및 높은 충성도를 요구하는 MMORPG는 판타지류로 일관된 게임 소재 및 세계관의 편중화, 때리고 피하는 일률적인 게임 진행방식의 한계로 게임 간 차별성이 떨어지면서 하드코어유저를 제외한 나머지 사용자들에게 크게 호응을 얻지 못했다.

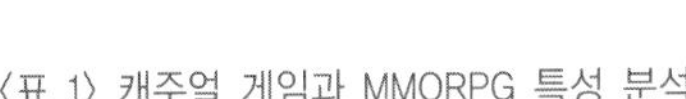

〈표 1〉 캐주얼 게임과 MMORPG 특성 분석

구 분	캐주얼 게임(웹보드게임)	MMORPG
평균 이용시간	30분~1시간	2시간 이상
진입장벽	• 낮은 진입장벽 • 상위 3사(한게임, 넷마블, 피망)로 과점화 현상 심화	• 개발기간 및 비용 부담, 대량 서버 운영능력 등 높은 진입장벽
유저 구성	• 간편한 조작으로 폭넓은 연령층 확보 (10~50대 다양한 유저층)	• 충성도 및 몰입도가 높고, 상당한 시간과 노력이 필요(10~20대 비중 높음)
게임 개발기간	6개월 이내	1~3년
비용 리스크	40억 원 미만 낮은 개발비용부담	• 대작화로 개발비 부담 증가 • 브랜드 및 인기에 따른 수익률 비례
특성	다양한 서비스 추가를 통해 게임 종류 다양화 용이	• 콘텐츠 기반의 충성도 유지 • 캐주얼 게임에 비하여 확장성 낮음
게임 수명	다양하나 1~2년 이내	4~5년
Value Chain 조절	포털업체	퍼블리셔 / 서비스 운영업체
주요 게임	• 넥슨 '카트라이더', '메이플스토리' • 네오위즈 '스페셜포스' • 위자드소프트 '겟앰프트' • 파란 '프리스타일' • NHN의 '당신은 골프왕'	• 엔씨소프트 '리니지 1, 2' • 블리자드 '월드오프워크래프트' • 엠게임 '열혈강호' • 웹젠 '뮤'

자료 : 게임산업진흥원

이로 인하여 '00~'03년 대규모의 제작비 투자로 흥행성을 보장받던 대작들의 신규가입자 유치 효과는 빠르게 희석되었으며 이후 신규 작품들은 더 이상 타 게임의 사용자 기반을 잠식하지 않고서는 성장이 어려운 업체들 간의 이용자 윈백(Win-back)[9] 단계에 진입한 것으로 파악된다.

반면 단순하고도 조작이 용이하면서 반복적인 웹보드게임은 30대 이상의 높은 호응을 얻으며 '03년 이후 빠르게 성장하였다. 그러나 사용자들의 흥미를 지속적으로 유도할 만한 스

---

9 '윈백'은 경쟁사의 시스템을 들어내고 자사의 시스템으로 교체하는 비즈니스를 의미한다. 윈백을 하는 업체의 입장에서는 경쟁사와 비교해 자사가 우위에 있다는 점을 입증하는 사례로 마케팅 자료의 단골 메뉴이다.

토리나 충분한 게임적 요소들을 갖고 있지 못하기 때문에 주요 게임포털 사이트의 성장 또한 '03년 하반기부터 정체되었다. 이로 인하여 웹보드게임의 간편한 조작법과 다중사용자게임(MMOG)의 상호특성인 상호작용성을 다양한 장르에서 구현한 캐쥬얼게임으로 온라인 게임의 흐름이 변화하고 있다.

캐주얼 게임은 온라인 게임의 비주류 소비자층이었던 아동 및 여성들의 게임에 대한 거부감을 줄일 수 있는 귀여운 그래픽과 판타지, SF, 무협 위주의 게임에서 벗어나 다양한 장르의 게임을 제공하기 때문에 게임 비수용층의 유입을 가능케 한다. 또한 짧은 시간 안에 배워 즐길 수 있는 특성을 갖고 있고 아케이드적 요소가 강하기 때문에 사용자 연령층을 다양화 할 수 있는 장점을 갖고 있어 대중적인 흥행 가능성이 높다고 할 수 있다.

따라서 단순하지만 거부감이 비교적 적은 웹보드게임으로 온라인 게임에 빠져든 라이트유저층의 증가세 둔화를 '04년 하반기부터 상승기조로 전환시키면서 캐쥬얼게임은 게임포털의 주력 서비스 분야로 전환되었다. 다만 캐주얼 게임은 1~2년 미만의 비교적 짧은 라이프사이클로 인하여 사용자 증가 추세가 빠르게 둔화되는 특징이 있었다. 넥슨의 '카트라이더'나 네오위즈의 '스페셜 포스' 같은 대표적인 캐주얼 게임들은 동시접속자 수가 각각 22만 명과 9만 명에 이르렀으나 '05년 3월 이후로 사용자 이용시간 증가 추세가 완화되면서 1년 남짓한 기간 내에 사용자 기반이 안정화 단계에 이른 것으로 볼 때 이러한 점을 반증한다고 볼 수 있다.

한편 캐주얼 게임의 주 타겟 신규고객층은 이용 시간이 적지만 잠재사용자 비중이 30%이상으로 높은 편인 30대 중반 사용자들과 잠재사용자 비중은 낮지만 이용 시간이 많은 19세 미만의 저연령층이라 할 수 있었다. 그러나 이들 사용 계층의 게임 선호 특성은 차이가 심하기 때문에 대중성이 짙은 분야와 하드코어유저들의 요구를 만족시켜줄 다양한 하이브리드 형태의 게임 라인업을 확충하기 위해 게임포털 시장에 뛰어든 게임업체들은 글로벌 퍼블리싱 역량을 강화하고 게임 개발 업체 발굴에 집중했던 시기라고 볼 수 있다.

이 시기 등장한 캐주얼 게임들은 '프리스타일', '오디션', '겟엠프트', '마구마구', '권호' 등이 있으며, 대표주자는 넥슨의 레이싱게임 '카트라이더'와 드래곤플라이의 FPS '스페셜포스'였다. 2004년 6월 오픈베타 서비스를 시작한 '카트라이더'는 빠른 속도로 인기를 얻었다. 쉽고 편한 조작, 카툰렌더링 기법을 사용한 귀여운 캐릭터, 독특한 맵디자인을 강점으로 내세운 '카트라이더'는 그해 8월 회원 수 100만 명, 10월 동시접속자 수 10만 명을 넘어서며 '포트리스'의 계보를 잇는 '국민게임'으로 등극했다.

〈그림 24〉 프리스타일, JC Ent. 2004

〈그림 25〉 오디션, 예당엔터테인먼트, 2004

〈그림 26〉 카트라이더, 넥슨, 2004   〈그림 27〉 스페셜포스, 드래곤플라이, 2004

2004년 7월 오픈베타 서비스를 시작한 '스페셜포스'는 국내 게임사용자들에게 온라인 FPS 의 개념을 확실히 심어주며 FPS장르에서 독보적인 위치를 선점했다. '스페셜포스'는 2004년 9월 100만 명 회원가입 달성, 2005년 8월 동시접속자 10만 명을 돌파하며 퍼블리셔 네오위즈 의 확실한 '캐시카우'(Cash Cow)[10] 역할을 했다. 특히 밸브사와 '카운터스트라이크' 스팀서비 스를 놓고 대립했던 PC방 업주들이 '스페셜포스'를 대체게임으로 선정하면서 빠르게 시장을 장악해나갔다.

이들 두 게임은 뛰어난 부분유료화 모델로 단일 캐주얼 게임으로서는 엄청난 수입을 올렸 다는 공통점을 가지고 있다. '카트라이더'는 코카콜라 같은 오프라인 상품과 연계마케팅을 펼 침으로서 대중의 인지도를 높이는 동시에 확실한 수입을 챙겼고, '스페셜포스' 역시 게임플레

---

10 캐시카우란 수익창출원, 즉 확실히 돈벌이가 되는 상품이나 사업을 의미한다. 계속적으로 현금 흐름을 발생시키는 사업 부문, 보통 잘 알려진 상표명을 가지고 있어서 제품의 반복 구매를 촉진하는 경우가 많으며 안정적인 배당을 기대할 수 있게 한다.

이에 직접적인 영향을 미치는 아이템을 핵심으로 한 부분유료화 모델을 제시, 높은 수익을 올렸다. '스페셜포스'의 부분유료화 모델은 2006년 이후 동시접속자 수에서 '서든어택'에 밀린 후에도 매출 면에서는 밀리지 않는 파워를 보여줬다.

또한 이 두 게임이 갖는 또 하나의 큰 의미가 있었다. 블리자드의 스타크래프트 이후 KeSPA(한국e-스포츠협회)의 공인을 받은 국산 e-스포츠게임이라는 것이다. 종목이 하나뿐인 단일게임 일색으로 스포츠라는 이름이 무색했던 e-스포츠계에서 국산종목으로 인기를 얻고 자릴 잡았다는 점에서 이들 두 게임을 높게 평가할 수 있는 것이다.

❻ 퍼블리셔의 등장과 게임포털의 선전

국내 게임시장도 2000년대 중반에 이르면서 시장의 규모나 게임 제작비용이나 모든 면에 있어서 걸음마 수준을 뛰어넘어 당당히 세계적인 단계로 도약하게 되었다. 하지만 전체적인 부분에서의 성장에도 불구하고 마케팅분야는 그때까지도 걸음마 수준에 머무르는 단계였다. 대다수의 게임개발사를 이끄는 CEO들이 개발자 출신들이 많았기 때문에 기업경영마인드가 부족한 원인이 크긴 했지만 짧은 기간 안에 급격한 성장을 거듭한 우리의 게임업체들이 변화에 적절히 대응하지 못했다는 점이 가장 크다고 할 수 있다. 이러한 문제점을 감지한 선두 업체들은 게임마케팅에 대한 중요성을 대두시키면서 본격적으로 외국의 게임마케팅을 벤치마킹하고 개발분야에 못지않은 관심을 갖기 시작했다.

당시의 중소 온라인 게임의 경우 게임성이나 기술력만으로 넘긴 힘든 벽이 존재했다. 바로 마케팅이었다. 마케팅은 다른 온라인 게임들과 경쟁하기 위해서는 필수불가결한 존재로 등장

했으며 마케팅인력이 부족한 중소 온라인 게임업체들에게는 상당한 부담감을 안겨줬다. 마케팅 부족으로 인해 '대박'을 터트릴 수 있는 게임들이 사장되는 상황이 발생하면서 마케팅을 대행해 주는 업체가 생겨나기 시작했다.

이 시점에서 등장한 것이 게임 퍼블리셔다. 2001년이 되면서 게임업계에는 퍼블리셔의 등장으로 새로운 시장질서가 생겨나기 시작했다. 물론 지금까지도 퍼블리셔의 역할이나 게임산업 내에서의 위치 등이 명확히 성립되지 않았지만 중소업체들에게는 시장에 진입할 수 있는 새로운 길을 열어주는 계기를 만들었다.

2001년 게임퍼블리셔라는 이름을 내걸고 시장에 진입한 업체는 넷마블이었다. 넷마블은 게임포털을 만들면서 중소 온라인 게임들을 사이트 내에서 서비스하며 마케팅하기 시작했다. 처음 넷마블은 나코인터랙티브에서 개발한 3D '라그하임'을 서비스했다. 이에 '라그하임'은 빠른 시간 내에 시장에서 자리매김할 수 있었으며 게임퍼블리셔의 새로운 가능성을 보여줬다. 넷마블은 게임퍼블리셔를 내세워 시장 내에서 빠른 성장을 거듭했다. 퍼블리셔의 등장은 마케팅력 부족으로 인해 어려움을 겪는 중소 온라인 게임 업체들에게 시장에 진입할 수 있는 길을 열어줘 온라인 게임산업 발전의 원동력을 제공했다. 넷마블의 등장과 함께 고스톱, 포커 등을 서비스하던 한게임과 수익모델 부재로 고민하던 검색포털들도 일제히 게임포털 사업을 전개했다. 또한 엔씨소프트, 웹젠 등의 업체도 게임 퍼블리셔 사업에 진출, 퍼블리셔 사업의 경쟁이 치열해졌다.

퍼블리셔의 등장은 온라인 게임시장의 규모를 키웠으며 중소 온라인 게임 업체들의 시장 진입을 수월하게 하는 등 긍정적인 역할을 수행하였다. 그러나 퍼블리셔들이 중소 온라인 게임 업체들의 입장보다 자사 입장을 견지하면서 전체 온라인 게임시장에 피해를 주고 있다는 지적도 제기됐다. 특히 퍼블리셔들로부터 선택받지 못한 중소 온라인 게임 업체들의 비난은 더욱 심해져 '빈익빈 부익부' 현상을 부채질한다는 비판은 퍼블리셔들의 존재에 대한 의문점을 드러냈다.

퍼블리셔가 어느 정도의 영향력을 발휘하는지에 대한 결과가 드러나지 않은 상황에서 불평등 계약 등의 현상까지 나타나자 온라인 게임 업체들은 퍼블리셔들의 자성을 촉구하기에 이르렀다. 퍼블리셔들은 이 같은 비난이 쇄도하자 자체적으로 자성을 하면서 치열한 경쟁에서 살아남기 위해 해외 진출에 적극적으로 나섰다.

넷마블이 중국 시나닷컴과 전략적 제휴를 체결했으며 써니YNK도 일본진출을 위해 NTT도코모와 MOU를 맺는 등 국내 온라인 게임의 해외 진출에 디딤돌을 마련했다. 이와 함께 경쟁이 치열해지면서 신규게임 개발과 퍼블리셔의 역할 등에 대한 고민도 함께 이뤄졌다. 퍼블리셔의 등장이 국내 온라인 게임의 역사를 발전시켰는지 후퇴시켰는지에 대한 결론을 내리기는 어려우나 온라인 게임의 시장 규모를 키웠다는 점과 해외 진출에 물꼬를 텄다는 점 등은 인정받을 만한 성과라 할 것이다.

〈그림 28〉 넷마블(NetMarble)

〈그림 29〉 한게임(HanGame)

(3) 온라인 게임산업의 완숙기(2000년대 중반 이후)

　2005년을 접어들면서 국내 온라인 게임산업에는 많은 변화가 생겨났다. 가장 큰 원인으로는 'WOW'의 국내 시장 잠식이라는 커다란 당면 문제였다. 또한 국내의 온라인 게임 유저들이 포화상태에 이르렀다는 판단과 해외수출의 활로를 열기위한 정부의 정책적인 노력, 기대주들의 연이은 실패와 캐주얼 게임의 도약 등이 바로 그 원인이었다. 더불어 게임의 문화적, 사회적 역기능으로 빈번히 정부정책이나 언론의 도마 위에 오르내리는 폭력성 및 사행성 문제가 '바다이야기' 사태로 철퇴를 맞으면서 급기야는 '아이템현금거래규제'라는 실질적으로 게임업체에서 매우 민감한 부분이 세상의 심판을 받아야 할 상황이 도래했기 때문이다.

'바람의 나라'를 필두로 한 MMORPG부터, 보드게임, 캐주얼 게임에 이르기까지 국내 게임 산업은 연 30~40% 수준의 급속한 성장을 거듭하였고 투자자들 또한 영화나 음반 등의 기타 엔터테인먼트 사업보다 흥행에 따른 리스크가 낮고 수익이 2~3년간 비교적 꾸준히 창출되는 게임업계에 매력을 느끼게 되었다. 하지만 2005년부터 한국 게임역사의 간판스타인 엔씨소프트, 웹젠 등의 실적 둔화와 이른바 빅3로 불리웠던 웹젠의 '썬', 한빛소프트의 '그라나도 에스파다', 넥슨의 '제라' 등 대작 MMORPG의 연이은 실패, 고스톱-포커류를 서비스하는 게임포털의 사행성 논란, 야심차게 진출했던 해외에서의 고전, 해외 메이져 개발사들의 본격적인 진입 등으로 한국의 온라인 게임산업은 그동안의 고속 성장에 따른 성장통과 함께 월드와이드 경쟁 국면을 맞이하고 있었다.

당시의 국내 개발사들은 '리니지' 시리즈의 성장 스토리에 도취되어 창조적인 게임 소재 및 장르 발굴을 등한시한 채 유사한 MMORPG들을 양산하기에 이르렀다. 기본적으로 MMORPG는 하드코어유저 중심의 시장으로서, 한 개의 MMORPG를 플레이 하는 유저는 또 다른 게임을 할 수 없을 정도로 상당한 금전적, 시간적 투자를 해야 하는 게임이다. 게다가 MMORPG의 게임 시스템 자체는 근본적으로 매우 복잡하고 방대하기 때문에 오픈베타 시기부터 유료화 시점 이후까지 사용자의 충성도를 보장하기 위해 부분유료화를 채택하게 되면 게임의 코어 메카닉(Core Mechanic)[11]의 균형을 무너트려 밸런싱에 문제가 발생하는 딜레마에 빠지게 되는 것이 일반적이다.

이렇듯 새로 나온 게임들의 재미가 비슷하고 여기에 투여할 수 있는 시간 및 용돈이 한정

---

11 코어메카닉은 게임에서 가장 핵심적인 규칙들의 집합을 의미한다. 수학적인 계산과 컴퓨터의 작동 알고리즘을 정의하는 것으로 게임 디자이너가 게임의 세계관을 이루는 불변의 법칙을 구체적인 규칙으로 옮기는 것을 말하며 게임 디자인의 과학적인 영역에 해당하는 일이다.

적이라고 할 때 게이머 입장에서는 커뮤니티가 존재하고 있고 아이템 현금거래 시장이 형성된 리지니와 같은 게임을 그만두고 새로운 게임을 할 니즈(needs)를 가지기 어렵게 된다. 그렇기 때문에 '그라나도 에스파다', '썬', '제라'와 같은 대작 MMORPG가 출시되어 오픈베타 시점에서는 호기심 때문에 플레이를 하더라도 유료화 이후에는 플레이를 중단해 버리는 패턴을 보여주었던 것이다.

이러한 상용화 증후군(Commercialization syndrome)의 또 다른 이유는, 일명 '작업장'이라는 곳을 운영하여 대규모로 게임머니와 아이템을 수집하고 이를 판매하는 아이템 판매상들이 유료화와 동시에 신규 오픈베타를 실시하는 타 게임으로 이동했기 때문이다. '리니지'의 경우 1조 원의 아이템 거래시장 규모를 형성하고 있는데 이 중 90%가 중국산 아이템이라는 것은 잘 알려진 사실이다. 더군다나 블리자드의 'WOW'와 같이 국내의 MMORPG와는 퀄리티가 확연이 차별되는 게임들이 서비스됨으로서 게이머들의 안목이 높아지게 되었고, 더 이상 '리니지'와 같은 'Hack and slash'류의 소위 '한국형 MMORPG'가 더 이상 게이머를 만족시키지 못하는 상황에 이르게 되었다.

〈표 2〉 신규 MMORPG PC방 점유율 추이(2005. 1~2006. 9)

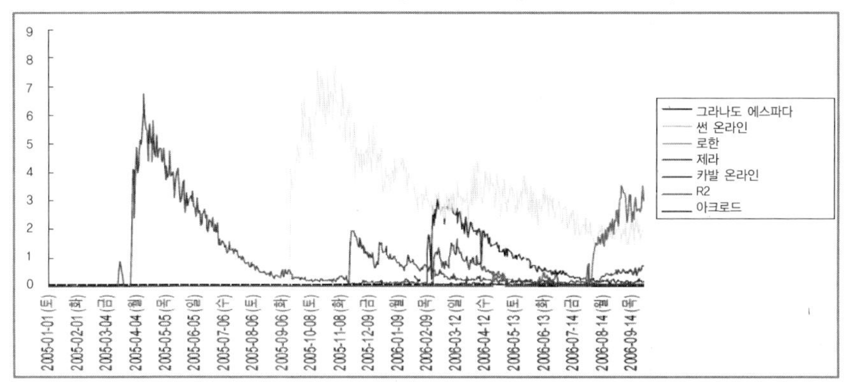

〈표 3〉 주요 MMORPG PC방 점유율 추이(2005. 1~2006. 9)

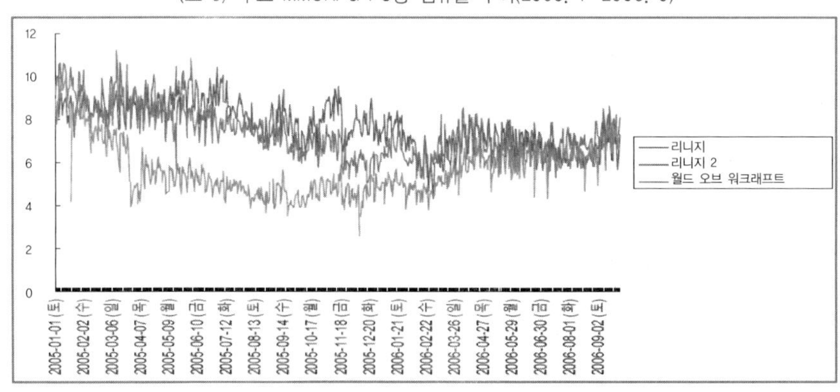

자료 : 게임트릭스

　　<표 2, 3>은 게임트릭스에서 발췌한 2005년 1월부터 2006년 9월말까지의 주요 MMORPG의 PC방 시장 점유율을 나타낸 것이다. 개인 트래픽이 포함되어 있지 않기 때문에 자료로서의 한계는 있지만 PC방 트래픽이 게임 흥행 판단의 리트머스 시험지라는 점을 감안했을 때 상당히 의미 있는 결과들을 보여주고 있다. 주목할 점은 이 기간 동안 출시된 소위 대작들은 오픈베타 테스트(Open-beta Test) 후 6개월 내에 점유율 1% 미만으로 쇠락하는 패턴을 보여주고 있는 반면, 시장의 큰손이 '리니지', '리니지 2', 'WOW'는 동기간 동안 점유율이 유지되거나 오히려 늘어나는 모습을 보여주고 있다는 것이다. 이는 시장은 이들 중심으로 재편이 완료되었으며, 단정적으로 말하자면 국내의 MMORPG 시장은 이미 포화상태가 되었다고 할 수 있다. 시장의 포화는 새로운 신규 게임들이 진입할 수 있는 장벽이 그만큼 높아졌으며 상용화 이후 성공적으로 안착할 수 있는 확률이 매우 낮다는 것을 말한다.

　　캐주얼 게임은 다양한 게임을 짧은 시간 동안 즐길 수 있고, 진입 장벽이 낮아 여성층 등 라이트유저의 유입이 용이하며 부분유료화 제도의 적용이 용이하여 궁극적으로 정액제 게임보다 월평균 매출액이 높아지는 모델이다. '갯엠프드', '프리스타일', '카트라이더', '오디션', '서든어택' 등의 성공 사례에서 볼 때 이제 온라인 게임의 대세는 캐주얼 게임으로 옮겨가고 있다는 것을 보여주었다.

　　그러나 문제점은 캐주얼 게임의 대부분이 개발 기간이 짧고, 개발 조직 규모가 작아 평균 개발 비용이 MMORPG에 비해 부담이 적기 때문에 수많은 개발사들이 난립해 있다는 점이었다. 일례로 '서든어택' 등의 FPS 게임이 성공을 하자 유사한 FPS 수십 종이 우후죽순으로 출시되었고 현재까지도 개발 중에 있는 FPS가 여럿인 상황이다. 하지만 개발되는 게임 수에 비

해 성공할 수 있는 게임은 장르당 1개 정도로 한정되어 있으며 중독성과 게임의 깊이가
MMORPG에 비해 취약하고 라이프 사이클이 약 1~2년 정도로 길지 않아 지속적인 수익 창
출을 하기에 힘들다는 단점이 있다.

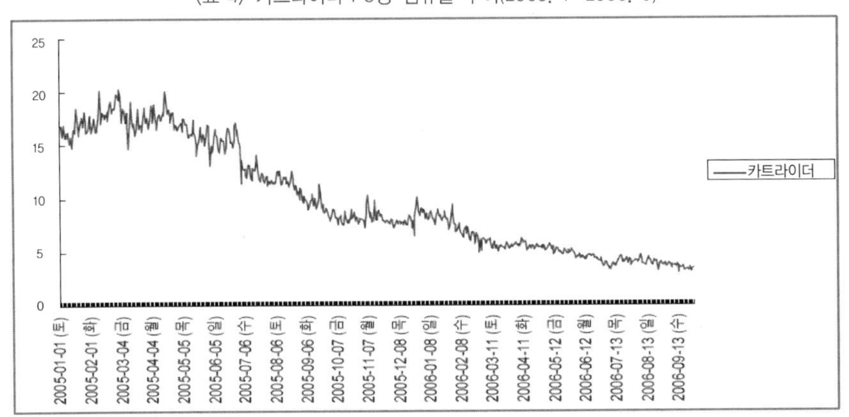

〈표 4〉 카트라이더 PC방 점유율 추이(2005. 1~2006. 9)

자료 : 게임트릭스

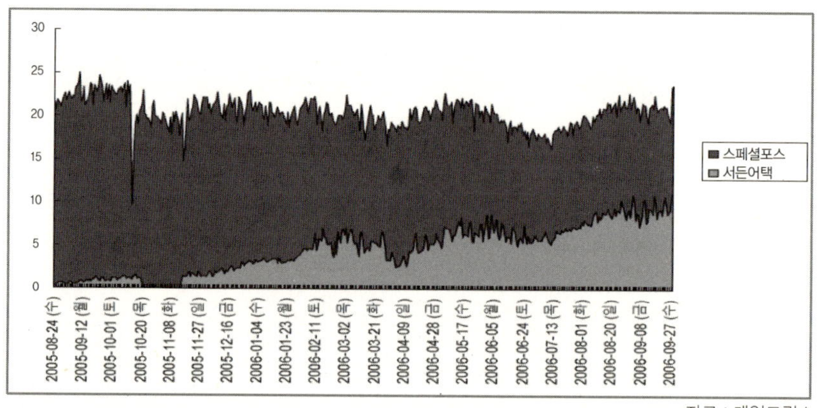

〈표 5〉 스페셜포스와 서든어택 PC방 점유율 추이(2005. 1~2006. 9)

자료 : 게임트릭스

<표 4>는 2004년 6월 오픈베타 서비스 이후 2년 만에 라이프 사이클상 쇠퇴기 국면에 접어든 '카트라이더'의 PC방 시장 점유율을 나타내고 있으며, <표 5>는 '스페셜 포스'와 '서든어택'이 실질적으로는 시장의 규모를 늘리고 있는 것이 아니라 서로 '제 살 깎아먹기'를 하고 있다는 사실을 나타내는 도표이다. 물론 이러한 당면 문제점이 많음에도 불구하고 캐주얼 게임은 국내 온라인 게임시장에서의 입지를 점점 더 굳혀갔으며 몇몇 회사들이 자신들의 성을 굳건히 지키고 있는 MMORPG시장과는 달리 수많은 개발사들이 정상을 노리고 계속해서 많은 캐주얼 게임을 생산해내고 있다.

❶ 빅3의 몰락과 해외기술력과의 적과의 동침

2005년을 지나면서 여러 변화를 겪은 국내 게임업계는 2004년부터 야심차게 준비해 온 소위 빅3(그라나도 에스파다, 제라, 썬)의 성공으로 전체적으로 침체적인 분위기를 쇄신할 수 있는 전환의 계기가 되길 바랐다. 2006년에는 2004년과 2005년에 공개됐던 이른바 '빅3' 게임 '썬', '그라나도 에스파다', '제라' 등이 정식으로 오픈베타 테스트와 상용화 서비스를 진행하며 대중의 시험대에 올랐다.

〈그림 31〉 썬온라인, 웹젠, 2005

〈그림 32〉 그라나도 에스파다, IMC게임즈, 2005

〈그림 33〉 제라. 넥슨. 2005

　당초 투입된 자본이나 개발 규모에서 블로버스터급 대작 게임을 표방했던 이 세 게임은 그러나 오픈 이후 기대에 못 미치는 게임성과 운영 미숙, 그 외의 다양한 문제로 인해 대중에게 철저하게 외면을 받는 수모를 겪어야 했다. '제라'는 2006년 8월 부분유료화로, '썬' 11월 부분유료화로 정식 서비스를 실시했으며, 7월 19,800원으로 정식 서비스를 실시한 '그라나도 에스파다'는 12월 부분유료화로 전환했다.

오히려 '빅3'에 끼지 못했던 써니YNK(현 YNK 코리아)의 MMORPG '로한'이 조용한 가운데 2006년 2월 19,800원으로 상용화에 돌입하여 당시의 국내 MMORPG로서는 마지막으로 정액제 상용화에 성공한 게임이 됐다. 써니YNK는 당시 아이템 거래를 금기시하던 분위기에서 게임 개발사로서는 최초로 아이템베이와 MOU를 체결하였고 '로한'에서 안전한 아이템 거래를 보장했다. 이는 음성적인 아이템 거래시장을 양지로 이끌어내어 사용자들에게 좋은 반응을 이끌어 냈다는 의미가 있었다.

'빅3'의 몰락은 한국 게임계의 위치를 세계 속에서 적나라하게 나타내는 계기가 됐다. 저마다 'WOW'의 아성에 도전하겠다며 야심차게 출발했지만, 이미 눈이 높아진 유저들에게 어필하기에는 세계와의 격차가 너무 크다는 가슴 아픈 사실을 확인해야만 했다.

빅3의 몰락에 더욱 더 침체의 분위기로 몰렸던 국내 게임산업계에는 국면전환을 위한 다양한 방법들을 동원하기 시작했다. 특히 시장을 주도하고 있던 NC의 해외기술력과의 동침시도는 의미 있는 사건이었다고 볼 수 있다. 물론 '리니지 1'부터 시작된 NC의 북미시장 정벌시도가 계속해서 무산된 데에 대한 대안이라는 조금은 씁쓸한 시도였으나 해외 문화와 기술력을 갖춘 업체들과 합작을 시도한 것은 긍정적인 현상이었다. 또한 역으로 10년 이상의 역사를 쌓아온 당시 국내의 온라인 게임 개발 및 운영 기술은 막 온라인 게임시장이 싹트고 있는 일부 국가들에게는 필수적으로 얻어야 할 조건이었다. 따라서 국내외에서 인정받고 있는 국내 온라인 게임 개발업체들은 이런 국가들에게 매력적인 사업파트너였다.

특히 미국과 함께 세계 게임시장을 이끌어왔으며 양적·질적으로 우수한 콘텐츠들을 보유한 일본의 경우가 바로 그랬다. 성숙한 비디오 게임시장과 메가히트급의 콘텐츠를 가지고 있

었지만 자체 개발력으로 양질의 온라인 게임을 만들어내기 힘들었던 일본은 한국으로 눈을 돌렸다. 일본의 콘텐츠와 한국의 기술력이 만나 'SD건담 캡슐파이터'와 '드래곤볼 온라인', '이스 온라인' 등이 만들어졌다. 이들 게임은 모두 CJ인터넷이 퍼블리싱을 담당하고 있다는 공통점을 가지고 있다. CJ인터넷은 '대항해시대'를 시작으로 '진삼국무쌍' 등 일본에서 자체적으로 만들어진 온라인 게임도 퍼블리싱하며 일본 온라인 게임을 국내에 선보였다. 하지만 CJ인터넷의 이런 시도 역시 크게 빛을 보지는 못했다. 지난 2010년 1월 15일 오픈베타 서비스를 시작한 '드래곤볼 온라인'이 아직 그 결과를 점치기에는 이른 감이 있으나 원작인 만화의 성공에 비한다면 게임의 출발은 아주 미약하다고 볼 수 있다.

또 '피파 온라인'의 경우 EA의 킬러 타이틀 축구게임 '피파' 시리즈를 네오위즈가 온라인화 하는데 성공해 눈길을 끌었다. EA가 자체적으로 진행했던 '피파' 시리즈의 온라인화 프로젝트가 거듭 실패한 후 한국 개발팀에 의해 성공적으로 개발되었기 때문에 '피파 온라인'은 한국의 온라인 게임 개발력의 위상을 한 단계 높여주는 계기가 됐다. 네오위즈는 이 인연으로 2007년 EA와 전략적 제휴를 맺고 EA 프랜차이즈를 이용한 4종의 온라인 게임들을 만들 수 있게 됐으며 천억 원대의 투자를 유치하기도 했다.

〈그림 33〉 SD건담 캡슐파이터, 소프트맥스

〈그림 34〉 드래곤볼 온라인, NTL

〈그림 35〉 이스온라인, CJ Internet

〈그림 36〉 대항해시대 온라인, 코에이

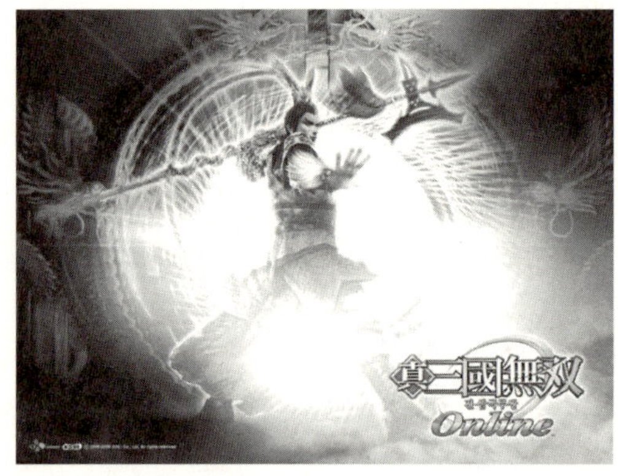

〈그림 37〉 진삼국무쌍 온라인. 코에이

〈그림 38〉 피파 온라인. EA

  반대로 한국의 자본과 해외의 기술력이 결합된 게임들도 속속 등장하기 시작했다. 앞서 밝힌 엔씨소프트나 웹젠이 바로 그런 경우였다. 웹젠의 경우 2005년 2월 '그랜드시프트오토'(GTA)의 개발자로서 이름을 알린 데이빗 존스의 신작 'APB'(All Points Bulletin)의 퍼블리싱권을 획득했다고 발표했으며 자체적으로 제작중인 '헉슬리'에도 해외 유명 FPS게임 '언리얼토너먼트'의 개발자들을 합류시키는 등 검증된 해외 개발인력들을 적극적으로 유치했다.

  엔씨소프트는 2001년 온라인 게임의 선구자이자 MMORPG의 아버지라 불리우는 리차드 게리엇 영입에 성공한다. 리차드 게리엇은 '울티마 온라인'(Ultima Online) 시리즈와 '울티마'(Ultima) 시리즈를 개발한 전 세계적으로 유명한 게임개발자로 미국의 인터렉티브 아츠 앤 사이언스(Interactive Arts & Science)학회 명예의 전당에 헌핵된 위대한 게임개발자 중의 한 명이다. 또한 아레나넷, 크리틱 스튜디오 등 해외의 개발스튜디오와 밀접한 관계를 맺으며 개발 이외의 투자, 인수 및 퍼블리싱 사업을 지속적으로 추진했으며, 2006년 그 결과물 중 일부인 '길드워'와 '시티오브히어로' 등을 전 세계적으로 런칭시켰다.

하지만 이러한 다양한 시도 역시 그 결과가 결코 기대하던 바에 미치지는 못했다. 물론 '길드워'의 경우 북미 지역에서 상당한 인기를 얻기는 했으나 그도 애초에 목표했던 바에는 현저히 미치지 못하는 결과를 드러내고야 말았다.

결국 성공할 수 있는 콘텐츠를 개발하기 위해서는 글로벌경쟁력을 갖춘 기획력과 기술력을 반드시 갖춰야만 한다는 사실을 다시금 되새겼으며 물건을 팔고자 하는 대상 지역의 문화를 제대로 이해하지 못한다면 결코 사랑받을 수 없다는 것을 확인하는 계기가 되었다.

〈그림 39〉 길드워, 엔씨소프트, 2006

〈그림 40〉 씨티오브히어로, 엔씨소프트, 2006

❷ 게임업계의 판도라의 상자 '사행성 게임시장' 그 끝은?

지금까지 국내 게임산업의 구조와 그 발자취에 대해서 이야기하면서 주로 온라인 게임시장 위주로 이야기가 전개되었다. 이는 온라인 게임시장이 국내 게임산업을 주도하고 있기 때문이다. 하지만 그 규모만으로 봤을 때 결코 간과할 수 없는 시장이며 또 역사적으로 봤을 때에도 국내에 컴퓨터 게임이 처음으로 시도된 게임플랫폼이 바로 아케이드 게임이다. 아케이드 게임시장은 전 세계적인 시장 규모를 분석해보면 가장 큰 시장을 형성하고 있다. 물론 이는 성인용 게임시장까지 포괄적으로 포함되어 있는 수치이기 때문에 가능한 것이다.

2004년까지 매출액 규모 감소하던 아케이드 게임시장은 '05년 사행성 게임으로 급격한 성장을 이루었다. 아케이드 게임은 일반적으로 오락실에서 제공되는 모든 게임을 총칭하며 90년대 이후 주요 이용층이였던 10~20대 청소년들의 수요가 감소하면서 시장이 축소되는 추세였다. 이는 첫째, PC방 및 비디오콘솔 게임방 등 다양한 콘텐츠의 공급이 가능한 새로운 유형의 게임장 형태가 등장하면서 기존 수요층들을 흡수하였고, 둘째, 물가상승이 감안되지 않은 비현실적인 게임요금으로 인하여 경쟁력 있는 청소년게임 개발을 위한 재투자가 어렵다는 점, 셋째, 음성적이고 다단계로 이어지는 유통구조로 인한 불평등한 수익분배가 지속되고 있고, 넷째, 매출 부진 및 낮은 이용료로 인한 수익성 저하에도 불구하고 경쟁심화로 게임이용료의 인상이 용이치 않았기 때문이었다.

이러한 이유 등으로 인하여 게임 개발 업체들 및 게임장 업주들은 객단가가 상대적으로 높은 성인용 게임장으로 전환하게 되었으며 여기에 '02년부터 게임장에서의 경품권 사용허가 등 정부의 규제가 완화되고 '05년에는 상품권 법제화를 통하여 건전한 게임문화를 정착시키려한 정부의 의도가 오히려 불법적인 환전을 묵인하는 효과를 가져와 사행성 게임에 대한 수요 및 공급을 폭발적으로 증가시키는 결과를 낳았다.

〈표 6〉 게임제공업용 게임물 심의제도 변천과정

구 분	1998년	1999년	2000년	2001년	2002년	2003년	2004년	2005년	2006년	2007년
소관부처	보건복지부	(8/27) 문화관광부								
심의기관	한국컴퓨터 게임산업중 앙회	(8/27) 공연예술진 흥협의회	(6/7) 영상물등급위원회						(10/29) 게임물등급위원회	
심의판정	합격/불합격	합격/불합격	전체이용가/18세이용가						(10/29) 전체이용가/청소년이용가	
적용법률	공중위생법			(6/9) 음반·비디오물 및 게임물에 관한 법률					(10/29) 게임산업 진흥에 관한 법률 시행	(1/19) 게임산업 진흥에 관한 법률 개정
경품취급 기준고시					(5/9) 제정고시	(12/30) 2차고시	(12/31) 3차고시	(7/6) 3차고시 일부개정	(10월) 4차고시 게임법 28조 (게임물관 련사업자 준수사항)	(4/29) 경품배출 금지 제정 (전체이용가 게임물은 가능, 대통령령)

자료 : 대한민국 게임백서 2007

이는 청소년게임의 제작 수는 지속적으로 감소하였으나 '04년에는 18세이용가 게임의 제작 수는 전체이용가 게임물에 비해 약 6.4배나 많은 1,085건이 등급 분류되면서 '01년 이후로 증가세를 보이는 것에서도 알 수 있다. 아케이드 게임장 수도 '02년까지 감소세를 지속하였으나 '03년 이후 증가세로 전환하면서 '05년 전년 대비 6.8% 성장한 15,084개에 이르렀으며 이 중 75%인 13,510개가 성인용 게임장으로 집계되었다. 그러나 감소하고 있는 청소년 게임장의 감소수를 감안하면 성인용 게임장의 증가 속도는 아케이드 게임장의 증가 속도보다 훨씬 높은 것으로 나타났었다.

<표 7> 게임 이용시설별 성장 추이

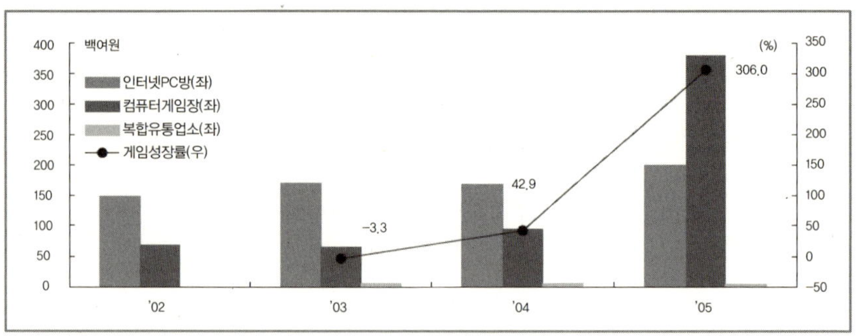

자료 : 각 사 IR자료

게임산업의 활성화 차원에서 아케이드 게임시장의 활성화는 반드시 필요한 것이었으며 정부의 부양정책도 동일한 목적에서 여러 가지 규제를 완화하였으나 의도와는 다르게 오락실이라 불리던 아케이드 게임시장은 점점 쇠퇴하였고 사행성을 조장하는 성인용 게임시장은 점점 더 성장하였던 것이다. 게임업계에서는 이러한 현상에 대해서 이렇다 저렇다 이야기할 입장이 아니었으며 정부 측에서도 알고도 어쩔 수 없는 상황에 이르게 된 것이다.

❸ '바다이야기' 사태의 영향

당시 '바다이야기 파문'으로 대표되는 국내 사행성 게임의 불법적인 영업이 인허가 및 상품권 발행제도 비리와 맞물려 큰 파장을 일으켰다. 바다이야기 파문은 첫째, 영상물등급위원회의 심의를 통과해야 하는 절차상 어떻게 사행성 게임이 통과할 수 있었는지에 대한 의문과 둘째, 문화관광부의 상품권 유통정책에서 사행성 오락을 방조한 두 가지의 문제로 요약할 수 있다.

먼저, 불법 사행성 게임의 심의 통과에 관한 부분은 사행성이 단순히 게임의 형태로만 판단할 수 없으며, 유통 과정에서 당첨액 상향 조정 또는 운용상의 불법 문제와 관련이 있는 것으로 받아들여졌다. 한편, 바다이야기와 같은 사행성 게임이 급성장할 수 있었던 배경에는 단순히 게임의 수요가 증가하였다는 사실 외에도 경품용 상품권 제도의 확산과 공교롭게도 그 시기가 일치한다는 점을 들 수 있다. 이는 권력과의 연관성이 거론되어 처벌을 받는 등 사회적으로 일파만파로 확산되었던 것이다.

바다이야기로 불거진 불법 사행성 게임 파문은 상품권 발행제도의 폐지와 함께 아케이드 게임뿐만 아니라 국내 게임산업의 전반적인 위축을 야기했던 것이다. 특히 게임업소, 게임기, 상품권 등 문제가 되었던 아케이드 관련 산업의 직접적인 파급효과 외에도 직·간접적으로 종사하고 있는 고용자의 생계 및 관련산업의 위축에도 영향을 준 것이다.

바다이야기의 태풍의 눈이었던 경품용 상품권의 폐기와 경품용 상품권 제공 게임기의 폐기로 인한 피해는 경품용 상품권을 제공하던 기존 게임기의 폐기와 기존 상품권의 폐기, 그리고 연쇄 도산으로 인한 직·간접적인 종사자의 실업을 고려했을 때, 직접적인 피해액만 5조 6천억 원이 넘은 것으로 분석되었다. '05년 국내 게임업소 수는 1만 5,094개로 업소당 평균 경품용 게임기 보유수는 70대였으며 게임기기 1대를 구입하는 데 드는 평균 비용은 500만 원으로 이를 산술적으로 계산해보면 전국적으로 경품용 게임기 시장은 약 5조 원에 달했던 것이다.

경품용 상품권이 무용지물이 될 경우, 게임장이 보유하고 있는 상품권 5,000장과 총판 및 대리점이 보유하고 있는 6,000만 장의 상품권은 총 6,750억 원의 금액에 해당되었던 것이다.

한편, 경품용 게임제공업소의 직·간접적 종사자 수는 직접 종사자 수 14만 명과 개발, 제조, 하청업체 등 간접 종사자 수 15만 명을 합쳐 약 30만 명에 이를 것으로 추정되어 종사자 1인당 4인 부양가족 기준으로 산정 시 국내 경품용 게임산업 관련 인구는 약 120만 명으로 파악되었다. 경품용 상품권 폐지로 인한 피해는 직접적인 금액만 5조 6천억 원 이상이었으며 실질적으로 관련 종사자의 실업 등을 고려했을 때, 그 피해액은 상상을 초월하는 규모가 되었던 것이다.

2006년 10월 시행된 게임산업진흥법은 바다이야기 사태로 사행성, 폭력성 등에 대한 규제가 강화되면서 고스톱이나 포커 등 기존 웹보드게임을 제공하던 온라인 게임 포털들에게도 적지 않은 파장을 가져왔다. 사실상 온라인 게임 포털업체들에게 지속적으로 수입을 올릴 수 있었던 근간이 웹보드게임들이었기 때문에 그 피해가 적지 않은 수준이었다.

이는 게임산업에 대한 부정적인 인식의 확산과 더불어 게임포털의 보드게임류에 대한 게임머니 및 게임아이템의 현금화 거래 중지 등으로 이어졌으며 결국 게임포털의 이용자 감소로 웹보드게임시장의 성장 그래프를 주춤하게 만드는 결과를 야기했다.

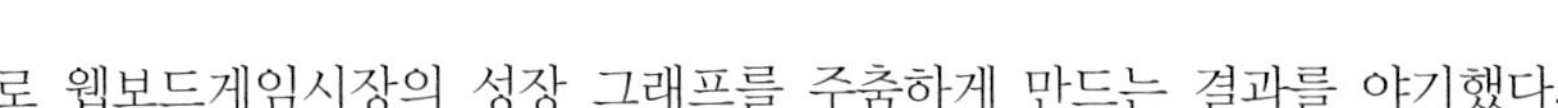

〈표 8〉 경품용 상품권 폐지로 인한 피해 규모

구 분	추정 피해 규모
1단계	경품용 상품권을 지급하던 기존 게임기 폐기 • 전국 게임장 수 : 1만 5,000개 • 게임기 100만 대(업소당 평균 70대) × 500만 원 / 1대 = 5조 원
2단계	기존 상품권 폐기 • 게임장 보유상품권 5,000장(2,500만 원) × 1만 5,000개 업소 = 3,750억 원 • 총판 및 대리점 보유상품권 6,000만 장 × 5,000원 = 3,000억 원
3단계	연쇄 도산으로 인한 직·간접적 종사자의 실업 • 아케이드 게임업소의 직접 종사자 수 = 14만 명 • 개발·제조·하청업체 등 간접 종사자 수 = 15만 명 • 약 30만 명의 직·간접적 종사자 • 부양가족 4인 기준 시 아케이드 게임산업 관련 인구 : 약 120만 명

자료 : 한국컴퓨터산업중앙회

    이러한 사태의 근본적인 원인은 아이템의 현금 거래에 대한 암묵적인 허용으로 인하여 아이템 현금화 거래 시장이 급격하게 확산됨에 기인했다. 당시 음성적인 아이템 현금 거래 시장은 '04년 8,000억 원에서 '05년 기준으로 1조 원에 이르는 것으로 추정되며 이에 대한 부작용이 꾸준히 제기되어 왔었다.

    또한 국내 아이템 거래시장의 약 60% 이상을 점유하는 대표적인 아이템 거래 사이트 '아이템베이'의 경우 '04년 매출액이 전년 대비 129% 성장한 123억 원에 이르며 영업이익률은 24.3%였다. '05년에도 전년 대비 16% 성장한 142억 원의 매출액을 기록, 영업이익률은 34%에 이르렀다.

2006년 2월에는 '리니지'의 해킹을 통한 명의 도용으로 수만 명의 개인정보가 인터넷상에서 공개되면서 문광부의 종합적인 대책마련에 대한 요구가 불거져 나왔다. 특히, 오프라인에서의 도박에 대한 수요층을 온라인으로 끌어들인 성인 PC방 및 PC도박 등의 사행성에 대한 문제가 동시에 이슈화되면서 정부의 강력한 규제를 요구하게 되었다.

따라서 정보통신부, 문화관광부, 민간단체 등이 게임의 부작용에 대한 통합적인 대책을 마련하지 못하면서 야기된 바다이야기 및 성인 PC방 등 사행성 게임의 폐해 증가는 향후 정책당국의 강력한 대응방안을 가져오게 만든 주요 원인이 되었다. 이로 인하여 아이템이 이용자들의 노력과 시간에 대한 보상물로서 일종의 권리금 개념으로 인식되어야 하며 따라서 정상적인 거래를 통한 양성화와 제도권에 포함시킴으로 이를 통한 게임시장의 활성화 발판을 마련해야 한다는 기존의 주장들이 설자리를 잃어갔다.

또한 새로운 게임산업진흥법에서는 기존 영상물등급위원회에서 수행하던 게임에 대한 심의를 게임산업에 종사하는 위원으로 구성된 게임물등급심의위원회로 이관하게 되었다. 따라서 심의의 공정성 및 적절성에 있어서 논란의 여지가 있을 수 있기 때문에 더욱 엄격하게 심의를 할 가능성이 존재하며 이는 게임 제작업체들에게 부담으로 작용할 것이기 때문이다.

국내 아케이드 게임의 원조라고 할 수 있는 일본 파칭코는 정부를 비롯한 관련 종사자들의 노력으로 어두운 음지에서 벗어나 양지로 나오게 되었다. 일본 정부는 파칭코를 가족오락으로 변화시키기 위해 운영전반에 관한 구체적인 사항을 규제하였으며, 현실적으로 수용할 부분은 수용하면서 산업의 역기능을 방지하고자 노력하였던 것이다.

바다이야기 사태로 대변되는 국내 아케이드 게임산업의 불법성·사행성은 근본적으로 관련 산업 운영자의 건전성 결여와 마땅히 관리·감독을 충실히 이행해야 할 의무가 있는 정부 당국의 태만으로 인해 불거진 것이다. 그러므로 정부는 국내 게임시장의 전반적인 축소를 야기할 수 있는 근시안적인 정책 대신, 국내 아케이드 게임산업을 일본의 파칭코와 같이 건전하고 대중적인 레저산업으로 육성할 수 있는 장기적 대안이 필요한 시기였다.

결론적으로 볼 때 이런 일련의 과정들은 게임선진국으로 가는 과정에서 필수적으로 거쳐야 할 통관의례라고 볼 수 있다. 하지만 그렇다고 해서 수수방관하면서 해결책이 스스로 나오길 기다린다는 것은 국내 게임산업의 발전을 위해서 결코 바람직한 대응책이 아니다. 문제가 발생했을 경우 근본적인 원인을 분석하고 장기적으로 대책을 마련하여 완벽하게 해결할 수 있도록 하는 것이 바람직하다. 특히 음성적인 문화라는 게임분야를 건전한 주류문화로 유입하기 위해서는 정부당국뿐 아니라 게임을 즐기는 사용자문화 또한 성숙해져야 할 것이다.

〈표 9〉 한국 온라인 게임 연표

1994년	• 삼정데이터 시스템 : '쥬라기 공원' 정식 서비스 • 마리텔레콤 '단군의 땅' 서비스
1996년	• 넥슨 : MUG '바람의 나라' 정식 서비스 • 태울 : '영웅문' 정식 서비스 • 중·고교의 수업시간에 '온라인 게임 중독 방지법' 교육
1997년	• '바람의 나라'에서 온라인 게임 부부 1호 탄생(김종민, 전성아 커플) • '머그 삼국지' 국내 온라인 게임 최초로 해외수출(일본)
1998년	• 엔씨소프트 : '리니지' 정식 서비스 • '스타크래프트' 국내 발매 후 폭발적인 인기 PC방 붐을 몰고 옴. • 국내 최초의 프로게이머(신주영) 탄생, 스타크래프트 래더 토너먼트 1위 • 국내 최초로 '스타크래프트' 프로게임 대회(KPGL) 개최

연도	월	내용
1999년		• '리니지' 국내 온라인 게임 최초로 동시접속자 수 1만 명 돌파 • 해외 온라인 게임 '울티마 온라인' 국내 서비스 개시 • '스타크래프트 : 브루드 워' 국내 발매
2000년	2월	• 위메이드, 엑토즈 '미르의 전설' 시리즈에 대한 협약서 체결 • 엔씨소프트 '리지니' 대만 서비스 계약 체결
	4월	• 엔씨소프트 코스닥 등록
	8월	• 엔씨소프트, 넥슨 온라인 개발사 협의회 발족 • '바람의 나라' 일본 현지 정식 서비스
	10월	• '드래곤라자' 정식 서비스
	12월	• '헬리키아' 베타 서비스 실시 • 공정위, 온라인 게임 캐릭터 및 아이템 매매 금지 '적법' 판정 • '천년' 대만 서비스 실시 • '레드문' 정식 서비스 실시 • '킬라이드' 베타 테스트 실시 • '블레오' 베타 테스트 실시
2001년	1월	• '리니지' 국내 누적 회원 800만 명 돌파 • '포트리스 2 블루' 정식 서비스 실시 • '리니지' 일본시장 진출 • '택티컬 커맨더스' 서비스 개시
	3월	• '미르의 전설 2' 정식 서비스 실시
	5월	• 인문협, '포트리스 2 블루' 서비스요금 문제로 CCR과 충돌, 불매운동 실시 • 엔씨소프트 리처드 게이엇 영입
	6월	• '리니지' 미국 정식 서비스 실시
	9월	• 엔씨소프트 상반기 매출액 520억 원 달성 • 영등위, 온라인 게임 심의 설치
	10월	• 엔씨소프트, 소프트뱅크와 일본 합작법인 설립 • '미르의 전설 2' 중국 진출 • '뮤' 누적 회원 50만 명 돌파
	12월	• '라그하임' 가입자 수 150만 명 돌파

연도	월	내용
2002년	2월	• '리지지' 일본 정식 서비스 실시 • 엔씨소프트, 건전한 게임 문화 육성을 위한 계획 발표
	3월	• '라그하임' 정식 서비스 실시 • '미르의 전설 2ei' 오픈베타 무기한 연기 • '프리스톤 테일' 오픈베타 시작 • 'DOAC' 국내 서비스 계획 발표 • 엔씨소프트, L2 프로젝트 공개, '리니지 2' 공식 발표 • '리니지' 중국 진출
	4월	• 'DOAC' 클로즈베타 시작 • '신영웅문' 중국 진출
	6월	• 'DOAC' 한글화 본격 시작
	7월	• '네이비 필드' 오픈베타 실시 • 'DOAC' 오픈베타 시작 • '라그나로크 온라인' 정식 서비스 실시
	8월	• 웹젠 온라인 게임 아이템 등의 거래 중개행위 금지가처분 신청을 서울 지방법원에 제출 • '천상비' 중국 정식 서비스 실시
	10월	• 웹젠의 아이템 현금거래 금지가처분 신청 기각 • '리니지' 18세 이용 판정
	11월	• '뮤 온라인' 대만 정식 서비스 실시 • '리니지' 12세, 15세 이용가 재판정
2003년	1월	• '미르의 전설 3ei' 정식 서비스 실시 • '미르의 전설 2' 중국 서비스 중단 • '프리스트' 오픈베타 시작
	2월	• '애쉬론즈 콜 2' 오픈베타 시작 • 정통윤, 아이템 현금거래 사이트를 청소년 유해매체로 지정
	4월	• '에버퀘스트' 국내 정식 서비스 실시 • '붉은 보석' 오픈베타 시작
	5월	• 웹젠 코스닥 등록 • '라그나로크 온라인' 중국 서비스 실시 • '붉은 보석' 오픈베타 실시

2003년	6월	• '라그나로크 온라인' 미국 정식 서비스 실시
	7월	• '리니지 2' 오픈베타 • 넥슨, 스팀을 통해 '카운터 스트라이크' 무료 서비스 실시
	8월	• 'A3' 정식 서비스 실시
	10월	• '겟엠프트' 누적회원 300만 명 돌파 • 블리자드 '월드 오브 워크래프트' 직배 발표 • 영등위 '리니지 2' 18세 이용가로 판정 • '리니지 2' 정식 서비스 • '테일즈 위버' 정식 서비스
	11월	• 김학규의 신작 '리퍼블리카' 한빛소프트가 퍼블리싱 • 엔씨소프트 '샤이닝로어', '에버퀘스트' 서비스 중단 발표
	12월	• '마비노기' 오픈베타 시작, 플레이 타임 2시간으로 제한 • '라그나로크 온라인' 유럽 5개국 게임시장 진출
2006년	1월	• '시티오브 히어로' 오픈베타 테스트 실시 • '용천기' 오픈베타 테스트 실시 • '권호' 오픈베타 서비스 실시 • '라펠즈' 오픈베타 테스트 실시
	2월	• '그라나도 에스파다' 오픈베타 테스트 실시 • NHN, 2005년 매출액 3,575억 원 기록 '사상 최대 실적' • 엔씨소프트, 이익감소 속에 매출 3천억 원 첫 돌파 • '제라' 오픈베타 테스트 실시 • 엔씨소프트, 대규모 명의 도용 사태 발생 • 웹젠, 전 'WOW' 개발진과 신작 전 세계 퍼블리싱 계약 체결 • '로한', 상용화 서비스 실시
	3월	• '그라나도 에스파다' 일본 오픈베타 테스트 일정 공개 • '길드워' 한 달 9,900원에 챕터 1, 2 모두 서비스
	4월	• '월드 오브 워크래프트' 서비스 1주년 맞아 가격인하 • 네오위즈 창사 이래 사상 최대 실적 달성 • '스타크래프트' 발매 9년 만에 가격인하 • '풍류공작소' 1차 클로즈베타 테스트

연도	월	내용
2006년	5월	• 엔씨소프트, '아이온' 공개 • 예당온라인, '오디션'으로 사상 최고 실적 기록 • 엔씨소프트 1/4분기, 순이익, 해외 매출 감소 • 한빛소프트 '헬게이트 인 런던' 전 세계 온라인 판권 확보
	6월	• '서든어택' 동시접속자 12만 명 돌파 • '피파 온라인' 동시접속자 10만 명 돌파 • 정부, 경찰 "사행성 PC방 강하게 단속하겠다" 의지 표명
	7월	• '바다이야기' 파문 일파만파 • '던전앤파이터' 동시접속자 수 8만 명 돌파 • '그라나도 에스파다' 상용화 서비스 시작
	8월	• 엔씨소프트, 3년 만에 첫 적자 기록 • '제라' 상용화 서비스 시작 • '서든어택' 동시접속자 14만 명을 돌파하며 PC방 유료화 • 렛츠게임 'D&D 온라인' 국내 서비스 발표 • 그라비티 김정률 전회장 싸이칸으로 게임계 복귀
	9월	• 한국게임산업협회, 도박 사이트 20개 고발 • 'RF온라인' 부분유료화 본격 개시
	10월	• 네오위즈, 언리얼3 기반 FPS '아바' 퍼블리싱권 획득 • '월드 오브 워크래프트 : 버닝크루세이더' 클로즈베타 테스트 시작 • 게임물등급위원회 공식 출범
	11월	• KaSPA, 프로리그 주 5일 진행 발표 • '썬온라인' 14일부터 부분유료화 전환 • NHN, 3분기 사상최대 영업이익 576억 원 기록 • 게임산업진흥법 개정안 발표
	12월	• 엠게임 '열혈강호 온라인 2' 개발 본격 가동 • '완미세계' 한국 서비스, 중국게임 한국 진출 본격화 • 닌텐도 한국시장 진출
2007년	1월	• '월드 오브 워 크래프트 : 버닝크루세이더' 오픈베타 테스트 시작 • 드래곤플라이 '라카산'으로 퍼블리싱 진출 • '월드 오브 워 크래프트 : 버닝크루세이더' 15세 이용가 판정

2007년	2월	• 네오위즈 기업 분할, 네오위즈게임즈로 출발 • 엔씨소프트 2006년 순이익 대폭 하락, 전년 대비 43% 감소 • '서든어택' 동시접속자 21만 국민게임 등극 • 'SD건담 캡슐파이터' 오픈베타 테스트 시작 • YNK '씰온라인' 저작권 인수
	3월	• '월드 오브 워 크래프트' 전 세계 유료 가입자 수 850만 명 돌파
	4월	• '에밀크로니클' 20일 오픈베타 테스트 실시 • 'DJMAX 포터블 2' 5만 장 돌파 • '홀릭' 오픈베타 테스트 실시 • 상품권과 게임머니 현금거래 법적 금지 • 경호, 경호코리아로 한국 진출
	5월	• '스페셜포스' 드래곤플라이-네오위즈 재계약 불발 • '헬게이트 인 런던' 런칭쇼 통해 국내 클로즈베타 테스트 일정 발표 • 블리자드, WWI 통해 '스타크래프트 2' 발표

출처 : 게임메카

4. 국내 게임산업의 동향과 전망

게임산업은 문화콘텐츠 산업의 핵심분야로 시장 규모에서도 높은 비중을 차지하고 있다. 2005년도를 기준으로 문화산업 매출액 규모는 약 53조 9천억 원으로 2004년보다 7.8% 증가한 것으로 조사되었다. 출판산업이 약 19조 4천억 원으로 전체의 35.9%를 차지하였고, 다음으로 게임(16.1%), 방송(16.0%), 광고(15.6%)의 순으로 나타났다. 게임은 영화시장의 무려 두 배가 넘으며, 방송이나 광고보다 더 큰 규모로 성장하여 전체 문화산업에서 출판산업 다음으로 높은 비중을 차지하고 있다. 이미 양적인 규모만으로는 문화산업을 이끄는 역할을 하고 있다.

한국 게임산업은 지속적인 해외 수출액의 증가로 국내를 넘어 국제적인 차원에서도 경쟁력을 높여가고 있으며, 2006년 게임산업진흥에 관한 법률이 제정, 시행되어 게임산업 육성을 위한 법적 토대가 세워져 향후 새로운 한국 게임의 도약기로 자리매김하는 데 근간을 마련하였다.

몇 년 전 바다이야기 사태로 촉발된 게임의 사행성 문제, 대기업과 중소기업 간 양극화 문제, 국내 게임기술의 해외 유출, 게임저작권 침해 사례 증가 등 여러 현안들은 세계 속의 게임 강국으로 나아가기 위한 새로운 도전이며, 극복해야 할 과제이다.

〈표 1〉 2007년 게임시장 규모(단위 : 억 원)

구 분		온라인 게임	모바일 게임	비디오 게임	PC게임	아케이드 게임	PC방	아케이드 게임장	비디오 게임장	합 계
2006	매출액	17,768	2,390	1,365	264	7,009	18,647	26,770	276	74,489
2007	매출액	22,403	2,518	4,201	350	352	20,801	518	293	51,436
	성장률	26.1%	5.4%	207.8%	32.6%	−95.0%	11.6%	−98.1%	6.2%	−30.9%

자료 : 2007 대한민국 게임백서

2006년 국내 게임시장은 전년도에 비해 14.2% 감소한 7조 4,489억 원의 규모를 나타냈다. 전체 시장 규모가 줄어든 주요인은 바다이야기 사태로 아케이드 게임장과 아케이드 게임이 구조조정을 겪었기 때문이다.' 지난해 사행성 문제로 국내 게임시장은 전반적인 침체를 보였으나, 어려운 상황에도 성장을 주도한 것은 온라인 게임과 모바일 게임이었다. 온라인 게임은 2005년보다 약 23% 이상 성장한 1조 7,768억 원에 달했고, 모바일 게임도 약 23% 성장한 2,390억 원을 기록하였다. 그 외 비디오게임과 PC게임은 30% 이상 시장이 축소되어 각각 1,365억 원과 264억 원으로 나타났고, 아케이드 게임 또한 27% 이상 하락세를 보였다. 소비 유통시장도 전반적으로 전년에 비해 규모가 축소되었는데, PC방은 6.4%로 소폭 감소에 그쳤으나 아케이드 게임장과 비디오게임장은 20% 이상 크게 줄어든 것으로 나타났다.

〈표 2〉 2006년 국내 게임시장 분야별 비중

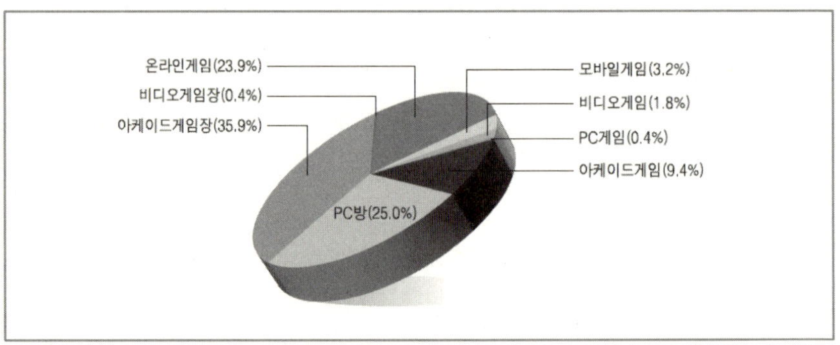

자료 : 2007 대한민국 게임백서

〈표 3〉 2006년 플랫폼별 국내 게임시장 비중

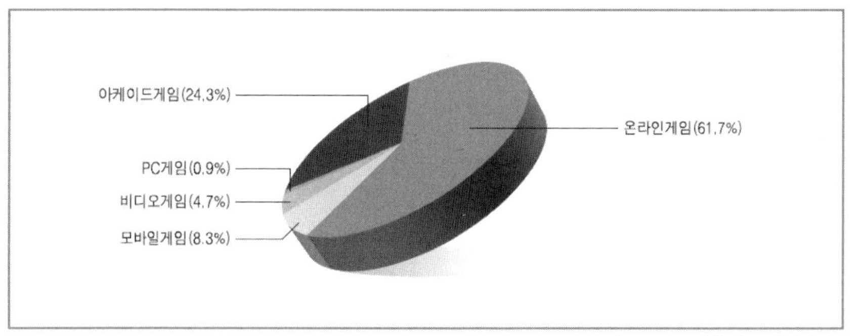

자료 : 2007 대한민국 게임백서

(1) 국내 게임산업의 전망

❶ 온라인 게임의 지속적인 성장-게임포털과 FPS게임의 급성장, 수출 확대

국내 온라인 게임은 2007년 제작배급과 소비시장을 통틀어 가장 큰 규모를 기록하였다.
2007년도 조사결과에 따르면, 국내 전체 시장 규모 5조 1,436억 원 중에서 온라인 게임시장은 2조 2,403억 원 규모로 전체 게임산업의 43.5%에 달하고, 2003년 이후 온라인 게임은 제작배급 시장에서 가장 큰 비중을 차지하고 있다. 아울러 2007년 온라인 게임 수출액은 약 7억 5천만 달러로 나타나 전년 대비 24.4%의 높은 성장을 기록하였다. 이러한 온라인 게임 성장세의 원동력은 지속적인 초고속망에 대한 투자, 그리고 정부의 게임산업 지원 정책과 더

불어, 국내 게임업체가 2000년대 초반부터 해외 시장을 지속적으로 개척하면서 그 성과가 2005년을 기점으로 본격적으로 나타난 데에 기인한다. 온라인 게임은 전체 게임 수출의 95.5%를 차지하며 국내 시장뿐만 아니라 해외 수출에서도 시장 성장을 견인하고 있다.

해외 진출 성과와 함께 2007년 온라인 게임시장의 주요한 특징은 글로벌 비즈니스 환경으로 빠르게 변하고 있다는 점이다. EA가 네오위즈에 1억 달러를 투자하는 등 해외 대형 퍼블리셔의 한국 진출은 물론, 국내 대기업의 외산 대작 게임 수입도 이어지고 있다. 그리고 중국, 일본, 미국 기업들과 한국 게임기업 간의 제휴도 급증하고 있다. 이처럼 해외 기업의 국내 진출과 제휴 확대는 국산 온라인 게임의 기술력이 세계적으로 인정받고 있다는 것을 의미한다.

한편 2008년 들어서는 게임업계의 M&A가 본격화하고 있다. T3엔터테인먼트가 한빛소프트를 인수하였으며, NHN이 NHN게임스를 통해 웹젠을 인수하였다. 게임업계의 M&A는 규모의 경제를 통해 글로벌 게임시장에서 경쟁력을 갖추기 위한 하나의 전략으로서 앞으로 더욱 활발하게 진행될 것으로 예상된다. 그리고 2007년은 2006년에 이어 FPS 장르가 대중화되어 FPS 게임들이 대거 출시되었다. 효성CTX는 '랜드매스'를 출시했으며, 네오위즈는 '아바'를 선보였다. 이외에도 한빛소프트의 '테이크다운', 엔트리브소프트의 '블랙샷', NHN의 '울프팀' 등이 출시되어 경쟁을 벌였다. 하지만 초기 시장을 선점한 '스페셜포스'나 '서든어택'을 넘어서는 게임은 아직 등장하지 않고 있다.

이런 FPS 장르의 열풍과 더불어 온라인 게임에서 큰 비중을 차지하는 대작 MMORPG 역시 전년에 비해 제작이 증가하였다. 그러나 2007년 MMORPG 장르는 게임업체들의 의욕적인 도전에도 불구하고 시장의 반응은 좋지 못했다. 초기 온라인 게임시장을 개척한 RPG가 여전히 많은 이용자를 확보하고 있고, 캐주얼 게임과 FPS 게임처럼 새로운 장르가 인기를 끌면서 온라인 게임 이용자는 점점 증가하고 있다.

게임 연령층도 초기 10대 및 20대 청소년 중심에서 30대 및 40대의 중장년층과 여성층, 어린이층까지 지속적으로 확대되고 있다. 국내 온라인 게임은 거의 전 연령층에 이르는 탄탄한 이용자층을 기반으로 앞으로도 성장세가 지속될 것으로 전망된다.

❷ 아케이드 게임시장 규모 대폭 축소 – 바다이야기 사건의 여파

2007년 아케이드 게임시장은 바다이야기 사태로 정부의 규제가 강화되면서 시장 침체가 가속화되었다. 아케이드 게임시장은 아케이드 게임장이 518억 원, 아케이드 게임이 352억 원으로 2006년에 비해 각각 98.1%, 95.5%씩 급격하게 감소한 것으로 나타났다. 무엇보다 성인용 아케이드 게임물에 대한 등급분류가 이뤄지지 않으면서, 대부분의 성인용 게임장들은 폐업하거나 업종을 전환하였다. 그리고 아케이드 게임 개발 및 유통사들은 대부분 도산하거나 폐업하였다. 이에 따라 2007년 아케이드 게임시장은 극심한 침체에 빠져들었다. 현재는 청소년용 아케이드 게임을 개발, 유통하는 몇몇 회사들만이 명맥을 유지하고 있는 실정이다.

한편 성인용 아케이드 게임에 대한 규제로 성인용 게임장의 운영이 어렵게 되자 청소년게임장을 중심으로 대형화, 복합화를 통해 불황을 타개하려고 시도하고 있지만, 신규 게임기들이 원만하게 공급되지 않으면서 청소년 게임장의 수익성도 개선되지 않고 있다. 향후 아케이드 게임 및 아케이드 게임장은 놀이시설이나 노래방, 식당 등과 결합된 복합유통 게임제공업소로 변화를 꾀함으로써 활로를 모색할 것으로 보이며, 건전한 아케이드 게임에 대해서는 정부가 육성 의지를 밝히고 있어 앞으로 조금씩 시장이 회복할 것으로 예상된다.

❸ 비디오게임시장 대폭성장 – 닌텐도 신드롬

2002년부터 시작된 한국의 비디오게임시장은 2년 연속 큰 폭으로 성장하였지만, 2004년에 들어와 다소 주춤한 모습을 보이다가, 2005년에는 휴대용게임기의 본격적인 진출에 힘입어 성장세로 돌아섰다. 그리고 2006년 다시 침체되었다가 2007년에는 닌텐도 DS가 출시되면서 전년 대비 세 배 이상으로 시장이 확대되었다. 2007년 국내 비디오게임시장 규모는 4,201억 원으로 나타났는데, 이는 2002년 비디오게임시장이 형성된 이후 실적이 가장 좋았던 2003년보다도 약 2,000억 원이 증가한 것이다. 이처럼 2007년 시장이 대폭 성장한 이유는 닌텐도의 휴대용 게임기가 큰 인기를 끌면서 지난해 말까지 약 100만 대의 게임기와 220만 개의 타이틀이 팔려 나갔기 때문이다.

비디오게임기의 판매량을 보면, PS2는 2006년 10만 대에서 2007년 12만 대로 20% 증가하였고, XBOX360은 10만 대가 팔려 판매량이 전년에 비해 25% 늘었다. 그리고 지난해 6월 국내 출시된 PS3는 약 3만 5천 대가 팔려 나갔다. 그리고 PSP의 경우 2006년 10만 대가 판매되었으나, 2007년에는 15만 대가 팔려 50%가량 늘어났다.

그리고 2008년에는 닌텐도 Wii가 국내에 출시됨에 따라 MS의 XBOX360과 소니 PS3와 더불어 차세대 게임기 경쟁이 더욱 치열하게 전개될 전망이다. 이런 차세대 게임기들은 온라인 기능을 지원하기 때문에 온라인 게임 기술 및 노하우에 강점을 지닌 국내 개발사들에게 점차 많은 기회를 제공하게 될 것으로 예상된다. 2008년 국내 비디오게임은 소비시장의 확대와 더불어 국내 개발사들의 적극적인 제작시장 진출을 통해 2007년의 성장세를 이어가 51%가량 성장할 것으로 예상된다.

2007년 비디오게임장은 2006년에 비해 소폭 성장을 기록하였지만, 여전히 전체 규모는 300억 원 미만 규모로 미미한 수준이다. 비디오게임장이 PC방처럼 활성화되지 않는 이유는 플랫폼 홀더들이 더 이상 업소용 게임기를 판매하지 않고, 가정용으로만 판매하고 있기 때문이다. 또한 국내의 경우 온라인 게임 위주로 시장이 형성된 것도 비디오게임장 시장의 성장을 가로막고 있다.

❹ 모바일 게임의 완만한 성장세 지속

모바일 게임시장은 초기 급격한 성장을 보였지만, 2004년부터 2006년까지는 완만한 성장세를 기록하였다. 2007년 국내 모바일 게임 매출액은 2,518억 원으로 전년 대비 5.4% 성장하였다. 그리고 주요 상위 기업으로의 시장 집중 현상이 더욱 심화되었다. 지난해 상장한 컴투스를 비롯한 넥슨모바일, 게임빌 등 대형 업체들의 매출은 점차 확대되는 반면, 중소업체들의 폐업은 크게 늘어났다. 이처럼 시장의 급격한 재편 이면에는 NDS와 같은 휴대용 게임기가 확산되면서 모바일 게임시장을 잠식한 것도 큰 영향을 미쳤다.

2007년 모바일 게임의 주요한 특징 중 하나는 퍼블리싱 환경의 변화이다. 이동통신사별로 특화된 퍼블리셔가 생겨나면서, 개발사들은 직접 게임을 출시하는 것보다 퍼블리셔를 통해 게임을 출시하는 경우가 늘어났다. 이를 통해 개발사들은 개발 일정에 좀 더 여유를 가질수 있게 되었다.

현재 모바일 게임업계가 봉착한 가장 큰 문제는 소비시장이 줄었다는 것이다. 2004년 이후 모바일 게임의 주 소비층은 중·고등학생들이었으며, 따라서 출시되는 게임의 95% 이상이 중·고등학생을 대상으로 만들어져 왔다. 하지만 졸업하는 학생들의 90% 이상이 모바일 게임을 중단하게 되는 것에 반해, 새롭게 유입되는 신입생들 중 모바일 게임을 시작하는 비율은 30%를 넘지 못하고 있다. 따라서 소비시장은 급격히 줄어들고 있는 실정이다.

한편 요금제에서는 부분유료화 모델이 점차 늘어나고 있다. 부분유료화 모델은 게임을 플레이하면서 필요에 따라 게임 내에 있는 유료아이템을 구매하도록 하는 서비스다. 부분유료화를 포함하여 앞으로 모바일 게임의 수익 모델은 지금보다 더 다양해질 전망이다. 국내 모바일 게임 수출은 2006년 대폭 증가하였다가 지난해에는 다시 감소하였다. 대형 CP를 중심으로 해외 진출을 적극 모색하여 어느 정도 성과를 내고 있지만, 국내외 모두 모바일 게임의 시장 규모가 기대만큼 크게 확대되지 않아 내수와 수출 증가폭은 제한적이다.

특히 국내 모바일 게임시장의 경우 이용자가 콘텐츠 비용과 회선사용료를 모두 지불하는 구조인데, 게임의 대용량화가 진행되면서 이용자의 비용 부담이 늘어나고 있는 점도 시장 확대에 마이너스 요인으로 작용하고 있다. 이런 전반적인 시장 환경 악화에도 불구하고, 정부에서 무선망 개방을 확대하는 정책을 펴고 있고, SNS(Social Networking Service)와 같은 새로운 서비스와 아이템 샵과 같은 신규 수익모델의 발굴, 다양한 요금제의 안정적 도입, 와이브로 서비스의 확산 등 긍정적인 모멘텀을 확보함으로써 모바일 게임 분야는 2008년에도 완만한 성장세를 이어갈 것으로 전망된다.

❺ PC패키지 시장의 소폭 성장

PC패키지 게임은 2000년 이후 지속적으로 하락세가 이어져 왔으나, 2007년에는 다시 성장세로 돌아섰다. 2007년 PC게임의 시장 규모는 350억 원으로 전년에 비해 33%가량 증가하였다. 하지만 국내 대다수 PC게임 개발사들은 불법복제 때문에 온라인 게임 분야로 업종을 전환하였고, 군사용 시뮬레이션 게임이나 어린이용 게임과 같은 제한된 분야에서만 겨우 명맥을 유지하고 있다. 하지만 PC게임이 주는 매력을 선호하는 이용자와 새로운 스타일을 원하는 이용자들에게 타 플랫폼과의 차별화를 통해 틈새시장을 공략하고 새로운 시스템을 발굴하는 등의 노력이 없다면, PC게임의 침체는 당분간 지속될 것으로 전망된다.

❻ 온라인 게임 중심으로 수출 16.2% 증가

2007년 국내 게임 수출액은 2006년에 비해 16.2% 증가한 7억 8,100만 달러로, 수입액 3억 8,955만 달러의 두 배에 달하였다. 온라인 게임은 2007년도 전체 수출의 95.5%를 차지하여 온라인 게임으로의 수출 집중현상이 심화되었다. 수출 국가는 일본과 중국이 양대 시장으로 약 31%씩 차지하고 있는 것으로 나타났다. 향후에도 국내 게임 수출은 온라인 게임을 중심으로 두 자리 성장을 이어갈 전망이다.

(2) 국내 게임시장 동향

〈표 4〉 국내 게임시장의 규모와 비중

	한국 게임시장											
	1999	2000	2001	2002	2003	2004	2005	2006	2007	2008	2009	2010
시장 규모(억 원)	7,983	8,902	10,210	12,513	15,283	16,450	28,551	28,796	29,824	37,382	43,418	50,834
온라인 게임	863	1,628	2,682	4,522	7,541	10,186	14,397	17,768	22,403	27,556	33,067	39,350
PC게임	1,181	1,323	1,939	1,647	937	534	377	264	350	305	289	281
아케이드 게임	5,878	5,844	5,060	3,778	3,118	2,247	9,655	7,009	352	458	664	1,028
비디오게임	51	90	162	1,562	2,229	1,866	2,183	1,365	4,201	6,344	6,407	6,855
모바일 게임	10	17	358	1,004	1,458	1,617	1,939	2,390	2,518	2,719	2,991	3,320
시장 내 비중(%)												
온라인 게임	10.8%	18.3%	26.3%	36.1%	49.3%	61.9%	50.4%	61.7%	75.1%	73.7%	76.2%	77.4%
PC게임	14.8%	14.9%	19.0%	13.2%	6.1%	3.2%	1.3%	0.9%	1.2%	0.8%	0.7%	0.6%
아케이드 게임	73.6%	65.6%	49.6%	30.2%	20.4%	13.7%	33.8%	24.3%	1.2%	1.2%	1.5%	2.0%
비디오게임	0.6%	1.0%	1.6%	12.5%	14.6%	11.3%	7.6%	4.7%	14.1%	17.0%	14.8%	13.5%
모바일 게임	.01%	0.2%	3.5%	8.0%	9.5%	9.8%	6.8%	8.3%	8.4%	7.3%	6.9%	6.5%

자료 : 2007년 대한민국 게임백서

아직까지도 연간 1,000억 원의 매출을 기록하고 있는 엔씨소프트의 '리니지'가 서비스된 지 11년, '리니지'의 성공을 바탕으로 엔씨소프트가 게임업종으로는 최초로 코스닥 시장에 상장한 지 8년의 시간이 흘렀다. 8년이라는 기간 동안 온라인 게임산업이 급격한 성장을 보여왔음은 주지의 사실이다. 1999년 7,983억 원이었던 게임산업 규모(PC방과 아케이드 게임장 등 게임 유통 부문 제외)는 2007년 29,824억 원으로 273% 성장하였고, 이 가운데 온라인 게임은 863억 원에서 22,403억 원으로 2,495% 성장하여 전체 게임산업 내 비중이 10.8%에서 75.1%로 급증한 것을 보아도 쉽사리 알 수 있다.

게임산업은 기본적으로 흥행서비스산업이다. 흥행서비스산업이라는 말 속에는 다음의 의미가 담겨 있다.

① 낮은 비용으로도 흥행여부에 따라 소위 '대박상품'을 꿈꿀 수 있지만,
② 대부분의 비용은 선투자되는 데 반해, 매출은 생산자의 통제권 밖에 있으며,
③ 상대적으로 낮은 진입장벽으로 인해 어제의 매출이 오늘의 매출을 보장하지 못할 정도로 경쟁이 치열하다.

<표 5> 배급업체와 개발업체 수

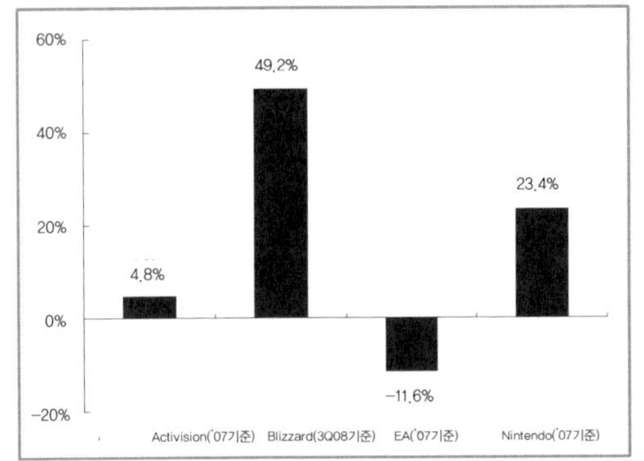

자료 : 각 사 발표자료

<표 6> 2007년 각 사별 영업 이익

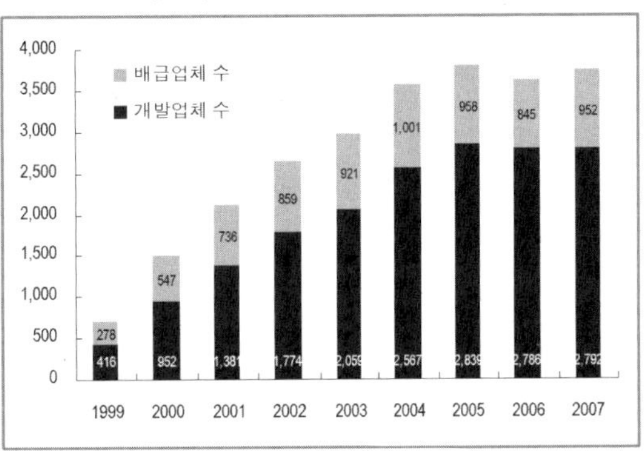

자료 : 2008 대한민국게임백서

　게임산업은 기본적으로 매출과 이익이 추정권역 안에 있지 않은 산업이라는 뜻이 되는데 이는 영화-음악 등 소위 엔터테인먼트산업 일반의 특성을 그대로 가지고 있기 때문이다. 산업 성장 초기, 대박에 대한 기대감이 살아 있는 동안에는 시장이 긍정적인 평가를 부여하지만, 기대 수준에 미흡한 결과가 이어진다면 추정권역 밖에 있는 실적의 변동성이 먼저 부각되면서 시장의 외면을 받을 수밖에 없다. 또한, 2005년 이후의 개발사 난립과 유사 게임의 범람, 해외 개발사의 성장 등 경쟁 격화기의 이익 하락을 경험한 것 역시 사실이다. 1999년 694개에 불과했던 게임 개발사는 2007년 3,744개로 폭증하였으며, 대표 13개 게임업체의 영업이익 합산 추이를 보면 부분유료화 업체의 매출이 꾸준하게 성장해 온 데에 반해 MMORPG에서의 급격한 수익 악화를 확인할 수 있었던 것 역시 사실이다.

　그러나 현시점은 온라인 게임의 성격을 설명하는 흥행서비스 산업이라는 키워드 가운데 '흥행'보다는 '서비스'라는 데 주목해야 하며, 초기 성장국면이 마무리됨에 따라 일정 수준 이상의 퀄리티가 검증된 상위 사업자 위주로 시장이 재편되어 가는 상황을 염두에 둘 필요가 있다. 우리가 '흥행'이라는 키워드보다 '서비스'라는 키워드에 주목하라는 이유는 온라인 게임은 일단 흥행에서 성공을 거두면 어느 흥행산업보다 훨씬 장기적이며 안정적인 수익원을 보장하기 때문이다. 동일한 게임산업 내에 있어서도 PC패키지 게임시장은 일회성 매출에 근거하기 때문에 영화와 같은 수익모델로 분류될 수 있다. 더군다나 불법복제라는 넘어야 할 산이 있기 때문에 더더욱 어려운 상황이다. 그러나 온라인 게임의 경우 초기 출시시점에서는 동일한 의미이지만 사용자에게 받아들여진 이후부터는 서비스로 전환되며 안정적인 수익 기반을 창출할 수 있다.

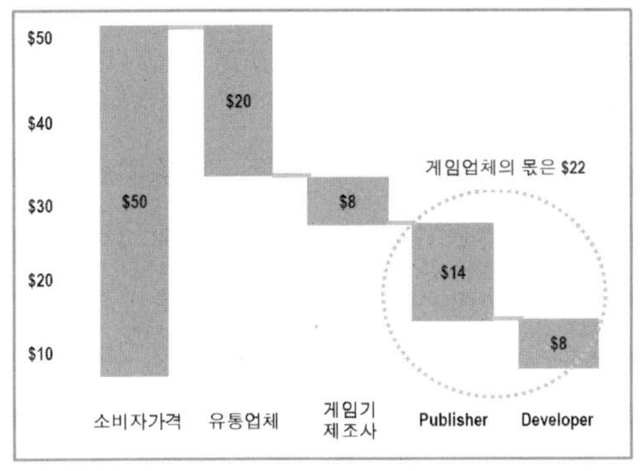

〈표 7〉 퍼블리셔의 수익 비율

자료 : 해외디지털콘텐츠 시장조사–KIPA 2006

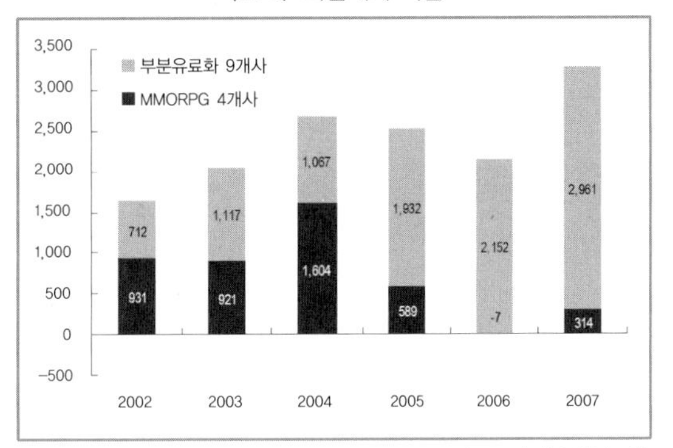

〈표 8〉 과금체계 비율

자료 : 전자공시시스템

   2006년 한국소프트웨어진흥원에서 발간한 자료에 따르면, 소비자가격 50달러인 비디오게임 타이틀 하나를 팔면 퍼블리셔와 독립개발사의 몫은 소비자가격의 44%에 불과한 22달러인 것으로 조사되어 있다. 문제는 44%가 개발사와 퍼블리셔의 매출이라는 것이어서 천만 달러가 개발비로 투입된 타이틀의 경우 최소한 45만 장이 팔려야 한다는 계산이 나온다. 문제는 연간 50만 장이 팔려나가는 타이틀이 그다지 많지 않다는 데 있고, 특히 최근의 경기 둔화기에서는 게임기와 S / W 공히 신규판매량이 크게 감소할 수밖에 없기에 비디오게임 업체의 최근의 주가 하락을 설명하는 요인이 된다는 판단이다. 판매량 감소와 더불어 게임기의 지속적인 고사양화로 인해 개발사의 비용부담이 점차 높아지고 있는 경향이 있다는 것 역시 언급해야 하는 내용이다.

그러나 온라인 게임의 경우 부분유료화이건, 월정액 과금이건, 아니면 그의 혼용이건 지속적인 수익을 창출한다는 점에서 이익률에 있어서 비교가 되지 않는다는 점에 주목할 필요가 있다. 2008년도에 최초의 합병 재무제표를 발표한 액티비전/블리자드의 내용을 보면 더욱 확연하다. 비디오게임시장에서도 EA의 아성을 무너뜨리고 승승장구하고 있는 액티비전과 'WOW'로 게임산업의 절대지존으로 올라선 블리자드의 개별 이익률을 보면 적자가 발생한 EA는 차치하더라도, 07년 기준 액티비전의 영업이익률이 4.8%에 불과하고, 게임기와 S/W를 동시에 판매하여 상대적으로 이익률이 높은 닌텐도 역시 23.4%인 데에 반해 블리자드는 49.2%에 달하고 있다.

❶ PC방 중요성과 시장동향

우리의 게임산업에서 간과할 수 없는 분야가 바로 PC방 사업이다. 국내에서 시작한 PC방이라는 개념은 우리의 온라인 게임산업을 지금의 상황으로 이끌어 올린 일등공신이라고 할 수 있다. PC방은 게임산업에서 최고의 수익원으로써 그 가치를 충실히 해내고 있다. PC방이 중요하게 평가되는 이유는 다음과 같다.

① 온라인 게임의 산파 역할을 한 곳이 PC방이었다.
② 게임 개발사가 해외시장 진출을 돌파구로 찾게 된 이유가 PC방에서 채용할 수 있는 유료게임 수의 한계에 근거했기 때문이다.
③ 개인계정으로 시작한 사용자라 하더라도 동료와 함께 같은 공간에서 즐길 수 있도록 해주는 곳이 PC방이다.
④ 달라진 매출 구성에도 불구하고 고사양 PC를 요구하는 최근의 게임 개발 동향을 고려할

경우 개인사용자가 최초에 온라인 게임을 접할 수 있는 공간이 PC방이다.

⑤ PC방에 부담이 되지 않는 부분유료화 게임과 후발 대자 게임의 등장에 따라 유료 온라인 게임의 서비스사업자에게 가격인하를 요구할 수 있는 교섭권이 생기고 있기 때문이다.

상기한 5가지 이유에서 현 시점에서 곱씹어보아야 하는 내용은 ③, ④, ⑤번이다. NC소프트의 '아이온'(AION)의 상용화 이후 일평균 132만 시간의 경이적인 이용시간을 보이고 있는 이유를 읽을 수 있는 배경이 되며, 최근의 PC방 사업자의 협의체인 인문협이 제기한 '아이온' 거부 운동과 같이 가격에 대한 집단 저항을 보이고 있기 때문이다. 우리는 집단행동에 따라 '아이온'이 영향을 받을 것이라고 생각하지는 않지만, 게임산업의 동향을 파악하기 위해 꾸준한 PC방의 이용행태에 대해 지속적으로 관심을 가질 필요가 있다고 판단된다.

〈표 9〉 PC방 수의 변화

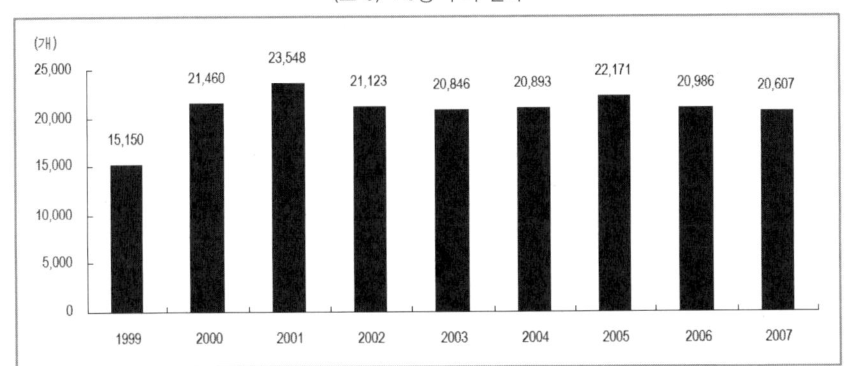

자료 : 대한민국 게임백서 2008

〈표 10〉 국내 게임산업에서의 PC방의 역할의 변화

	개 요	세부 역할
1기	온라인 게임의 산파	• 스타크래프트에 이은 새로운 수익원 필요 • 리니지 성공의 초기 수훈자
2기	해외 진출의 원인 제공자	• 개인사용자의 급증으로 PC방 수익성 악화 • 후발 개발사의 해외 진출의 사유로 작용
3기	신작 대작 게임의 테스트베드 상용화 시점의 가격교섭자	• 신규 대작 게임의 고사양화로 베타 테스트 공간으로 부상 • 경쟁 유료게임 수와 부분유료화 게임 증가로 기존의 높은 부담의 온라인 게임에 가격인하 요구 가능

❷ 국내 온라인 게임산업에서의 Blizzard의 의미

액티비전 블리자드와의 합병이 마무리되어 이제는 EA를 제치고 최고의 Third Party Game Publisher의 지위에 오른 블리자드는 전 세계 게임업체 가운데 최고의 게임개발사라 할 수 있다. 이유는 1991년 설립된 이후 17년간 출시한 모든 게임에서 밀리언셀러를 달성하며 전 세계적인 흥행을 기록한 유일한 사업자이기 때문이다. 그들의 흥행작은 워크래프트-디아블로-스타크래프트 그리고 게임의 역사를 새로 쓰고 있는 'WOW'로서 총 7개의 타이틀은 모두 밀리언셀러를 기록하였으며 개발 중 포기는 있었지만 출시한 이후를 기준으로 한다면 성공률은 100%에 달한다고 할 수 있다.

한국에 있어 블리자드의 영향력은 상상을 초월한다. IMF 당시 출시된 스타크래프트는 450만 장의 판매고를 기록하며 한국 PC방 그리고 온라인 게임의 가능성을 알렸으며, 아직까지도 e-스포츠의 대표 종목으로 방송되고 있다.

〈표 11〉 2000년 이후 최다 판매 게임

(000's) Rank	NA LTD Sell-thru, 2000-Jul 2008			
	Title	Publisher	Lunch Date	LTD Units
1	The Sims(Standard+Deluxe)	EA	Feb-00	6,778
2	World of Warcraft(Standard+Battlechest)	Blizzard	Nov-08	4,071
3	The Sims 2	EA	Sep-08	3,496
4	Diablo 3(Standard+Deluxe)	Blizzard	Jun-00	3,393
5	Age of Empires 2	Microsoft	Sep-09	2,872
6	Roller Coaster Tycoon	Atari	Mar-99	2,872
7	Warcraft III(Standard+Battlechest)	Blizzard	Jun-08	2,458
8	World of Warcraft : Burning Crusade	Blizzard	Jan-08	2,446
9	Starcraft(Standard+Battlechest)	Blizzard	Mar-98	2,333
10	Civilization 3	Atari	Oct-08	1,901

자료 : ActivisionBlizzard 애널리스트데이 자료

〈표 12〉 PC게임 품질평가지수 : RTS

Title	Developer	Review Score
Starcraft Broodwar	Blizzard Entertainment	96.0%
Company of heroes	Relic	93.8%
Starcraft Broodwar	Blizzard Entertainment	93.1%
Warcraft III : Reign of Chaos	Blizzard Entertainment	92.9%
Dungeon Keeper	Bullfrong	92.2%
Rome : Total War	Creative Assembly	91.7%
Age of Empires II	Ensemble Studio	91.6%
Command % Conquer Red Alert	Westwood Studios	90.9%
Warcraft III : The Frozen Throne	Blizzard Entertainment	90.7%
Black & White	Lionhead Studios	89.7%

자료 : ActivisionBlizzard 애널리스트데이 자료

〈표 13〉 PC게임 품질평가지수 : MMORPG

Title	Developer	Review Score
World of Warcraft	Blizzard Entertainment	91.9%
World of Warcraft : The Vurning Crusade	Blizzard Entertainment	91.0%
Eve Online	CCP	89.6%
EverQuest : The Ruins of Kunark	Sony Online	88.8%
Dark Age of Camelot	EA Mythic	87.5%
EverQuest	Sony Online	87.3%
The Lord of the Rings Onine	Turbine	87.1%
EverQuest : The Shadows of Luclin	Sony Online	85.8%
City of Heroes	Ncsoft	85.6%
Dark Age of Camelot : Catacombs	Mythic	85.5%

자료 : ActivisionBlizzard 애널리스트데이 자료

〈표 14〉 PC게임 품질평가지수 : RPG

Title	Developer	Review Score
Mass Effect	Bioware	90.7%
Diablo	Blizzard Entertainment	89.3%
Diablo II	Blizzard Entertainment	88.7%
Freedom Force	Irrational Games	88.3%
Diablo II : Lord of desctuction	Blizzard Entertainment	86.2%
Dungeon Siege	Gas Powered Games	85.4%
Fable	Lionhead Studios	83.4%
Marvel : Ultimate Alliance	Raven Software	82.9%
Devine Divinity	Larion	82.6%
Titan Quest	Iron Lore	81.4%

자료 : ActivisionBlizzard 애널리스트데이 자료

흥행 면에서나 작품성 면에서 가장 높은 평가를 받아온 블리자드이지만, 'WOW'의 출시 이전까지는 신작이 출시될 때 큰 폭의 매출을 달성하는 불연속적이고 불안정한 수익구조를 가진 기업이었다. 그러나 2004년 'WOW'의 출시 이후부터는 지속적인 매출 증가를 기록하며 세계 최고의 위치에 올라설 수 있었다. 2007년에 이미 연간 매출 1조 원을 돌파한 'WOW'는 전 세계 1,100만 명의 유료 사용자를 가지고 있으며, 2007년 100만 명의 동시접속자 기록을 달성한 중국에서만 2008년 6,080만 달러의 매출을 기록하고 있다. 'WOW'를 포함해 블리자드가 출시한 게임이 2000년 이후 최다 판매 PC게임에서 5개를 차지하고 있으며, 게임평가기관에서의 평가 역시 대부분의 장르에서 1위의 입지를 확고히 하고 있다.

〈표 15〉 EA의 영업실적 현황

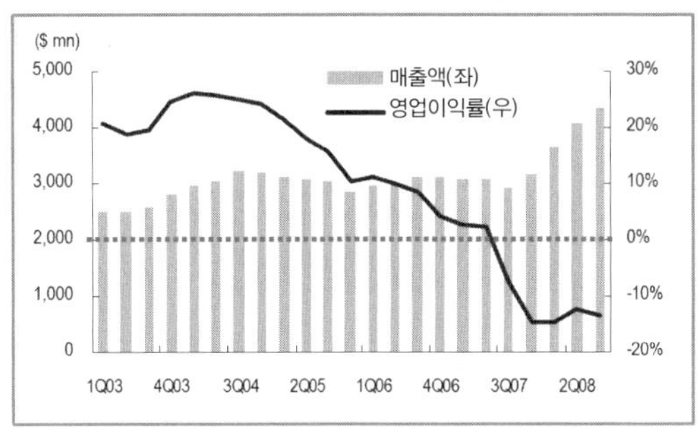

자료 : EA, 계절성 제거를 위해 매출 및 영업이익은 TTM 기준

〈표 16〉 VUG의 영업실적 현황

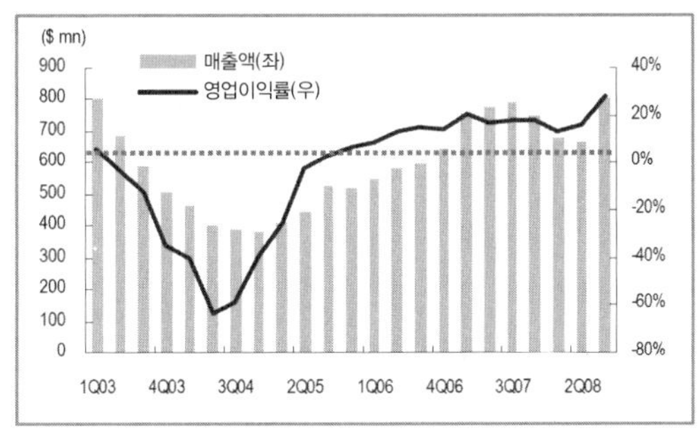

자료 : Vivendi.com, 계절성 제거를 위해 매출 및 영업이익은 TTM 기준

전 세계 최고의 독립 게임 개발사는 미국의 **EA**였다. 비디오게임시장의 전성기에 100만 장 이상 판매되는 프랜차이즈 타이틀 7개를 가지고 안정적인 수익을 창출해 왔다. 그러나 게임기의 업그레이드가 나타난 2007년 이후 매출은 증가하였지만 늘어나는 비용을 감당하지 못하고 2007년 하반기부터 적자로 전환되었고 현재는 합병된 액티비전 블리자드에게 독립게임업체 시가총액 1위의 자리를 내주고 말았다. 그에 반해 비벤디(Vivendi)의 100% 자회사 시절부터의 실적을 보면 블리자드는 'WOW'가 출시된 시점을 기점으로 실적 개선에 돌입하여 2008년에는 영업이익률 30% 고지를 돌파하였다. 이 모든 것이 신규 플랫폼, 신규 시장에 대한 대처에서 온 결과로 이해된다. EA가 기존의 게임시장인 북미-유럽에서 비디오-PC패키지 게임에 집중한 반면, 블리자드는 북미-유럽뿐 아니라 아시아 지역까지 아울러 **MMORPG**를 통해 매출 및 이익 창출에 성공했기 때문이다.

〈표 17〉 Blizzard의 간략한 역사

Blizzard History		
시 기	내 용	비 고
1991	Silicon & Synapse라는 사명으로 창업	PC게임의 비디오게임 이식 외주 용역으로 시작
1994	블리자드엔터테인먼트로 사명 변경 Davidson & Associates로 피인수 Warcraft 1 출시	피인수대금 천만 달러 북미에서 일정 수준 성공
1995	Warcraft 2 출시 개발사 Condor 인수 이후 블리자드 노스로 편입	전 세계 PC게임시장에 이름을 알림 디아블로 개발 중이었으며 배틀넷도 이곳에서 개발
1997	배틀넷 발표 및 디아블로 1 출시 Cendant S / W로 피인수 이후 다시 Havas(프)로 피인수	배틀넷은 블리자드 게임의 핵심 Havas는 Vivendi 계열로 편입

Blizzard History		
시 기	내 용	비 고
1998	스타크래프트 출시	전 세계 950만 장 중 한국 판매량 450만 장
2000	디아블로 2 출시	전 세계 판매량 1,450만 장
2001	영국 ECTS에서 'WOW' 개발 계획 발표	
2002	워크래프트 3 출시	
2003	'WOW' 한국 내 퍼블리셔 계획하다 직접서비스 방침 발표	한국 온라인 게임 운영 노하우 습득
2004. 3	'WOW' 한국 1차 클로즈베타 서비스 개시	
2004. 11	'WOW' 한국 오픈베타 서비스 개시 'WOW' 미국시장 공식 발매(패키지 방식)	오픈베타 기간 중 동시접속자 20만 명 상회 발매 첫날 100만 장 돌파
2006. 5	스타크래프트 2 출시 계획 발표	
2007. 2	'WOW' 1차 확장팩 '불타는 성전' 발매	북미 발매 첫날 200만 장 발매
2007. 12	액티비전과 합병 발표	기존 사업 영역은 그대로 유지
2008. 6	액티비전 블리자드 출범 디아블로 3 출시 계획 발표	세계 1위의 독립 개발사로 부상
2008. 11	'WOW' 2차 확장팩 '리치왕의 분노' 발표	북미 발매 첫날 280만 장 발매

블리자드의 'WOW'를 온라인 게임산업의 결정체라 불리우고 전 세계 게임산업 전체로 보아서도 최고의 게임이라고 판단하는 근거는 두 가지이다.

첫째, 'WOW'는 미주-유럽-아시아 지역에서 고른 성공을 거둔 유일한 온라인 게임이다. 2008년 기준 MMORPG의 가장 큰 시장인 동양권에서의 사용자 기반 55%, 북미／유럽 45%로 고른 사용자 기반을 가지고 있으며, 향후 러시아와 라틴아메리카로의 진출을 도모하고 있는 만큼 그 매출 기반의 안정성은 더욱 강화될 것으로 판단한다.

둘째, 단일 게임으로 연 매출 1조 원을 돌파한 최초의 게임으로서 산술적인 계산으로만 겹쳐지던 온라인 게임의 가능성을 실적과 매출로 입증하였다. 2007년 액티비전과의 합병 이전에 이미 연매출 1조 원을 돌파하여 단일게임 매출액으로는 사상최고치를 기록하였는데, 경쟁작의 최고 연매출 수준이 2,000억을 넘지 못하는 것을 보았을 때 그 성공 규모에 놀라지 않을 수 없다. 또한, 2008년 3분기에만 미화로 3억 달러의 매출과 1억 4,600만 달러의 영업이익을 올렸으며, 경쟁작인 펀컴(Funcom)의 '에이지오브코난'(Age of Conan)과 EA / Mythic의 '워해머 온라인'(Warhammer Online)으로 이탈했던 사용자의 68%, 46%가 다시 'WOW'로 환류하는 등 강력한 브랜드 파워를 보이고 있다. 특히 2008년 11월 전 세계에서 두 번째 확장팩인 '리치왕의 분노'가 출시된 만큼 2008년 4분기 실적 상승은 기정사실로 받아들여지며, 향후 그 성공 규모의 확대 역시 당연한 것이리라 여겨진다.

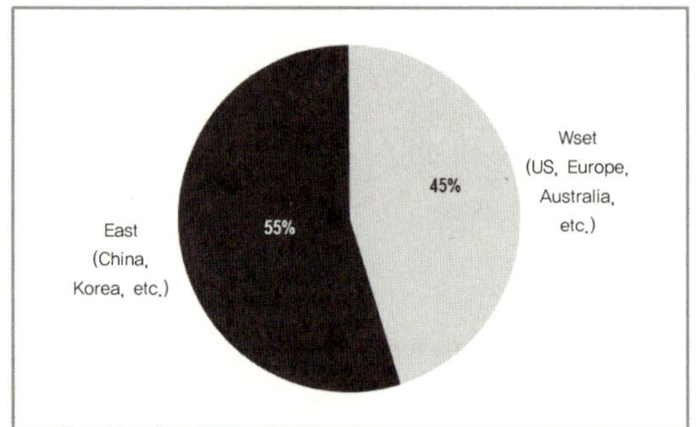

〈표 18〉 지역별 'WOW' 가입자 현황

자료 : ActivisionBlizzard Analyst Day Presentation 참조

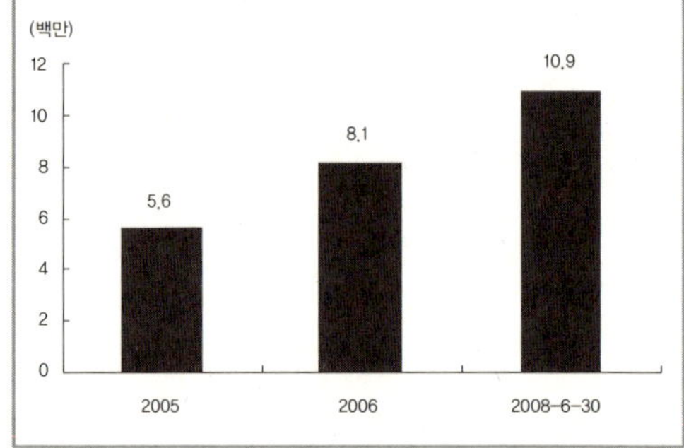

〈표 19〉 'WOW' 유료사용자 현황

자료 : ActivisionBlizzard Analyst Day Presentation 자료

2009년 1분기 중 출시될 것으로 추정하고 있는 엔씨소프트의 '아이온'만을 제압한다면, 당분간 'WOW'의 북미 / 유럽 지역의 독주는 지속될 것이라 판단한다. 'WOW'가 출시되기 이전의 MMORPG는 물론 'WOW'가 출시된 이후 출시된 MMORPG의 성과가 충분하지 않을 뿐만 아니라 향후 출시될 신작 가운데 유의미한 작품은 엔씨소프트의 것을 제외하고는 그다지 눈에 띄지 않기 때문이다. MMORPG 경쟁구도에서 2개 이상의 대형 MMORPG를 출시한 경험이 있는 스튜디오는 블리자드와 엔씨소프트를 포함해서 SOE, Turbine, EA Mythic, Funcom 등 6개에 지나지 않는다. 새로운 MMO 프로젝트를 구상하고 있는 듯한 블리자드를 제외하고는 나머지 4개사의 경우 최근에 게임을 출시한 상황이어서 추가적으로 개발중이라 발표된 사례는 없다. 물론, mmorpg.com 등의 관련 사이트를 참조할 때 2009년에도 MMOG의 출시가 이어지기는 하나 대부분 중소개발사에서 출시되는 것으로 큰 의미를 부여하기는 어려운 상황이다. 초기에 시장의 관심을 끌었다가 출시 이후 실패한 사례(헬게이트 : 런던 등)나 개발 계획을 발표한 이후 감감무소식이거나, 개발 도중에 자금줄인 퍼블리셔의 변경 또는 투자 포기로 사라진 프로젝트(Marvel Universe Online 등)는 헤아릴 수 없을 정도로 많다. 개발기간 3년 이상이 소요되며 1,000억 원이 넘는 투자규모를 고려해 볼 때 이미 진입장벽이 높아진 것이다.

그러나 여기서 뒤집어 생각해야 할 것이 두 가지가 있다.

첫째, 'WOW'의 대규모 성공으로 성공가도를 달리고 있는 블리자드 역시 높은 수익성과 성장성을 확인한 MMORPG 라인업을 아직 추가하지 않았다는 것에 주목할 필요가 있다. 블리자드가 'WOW'가 아닌 다른 MMORPG 프로젝트를 위한 인력충원을 하고 있다는 보도가 있었

다. 그러나 그 프로젝트가 '월드 오브 스타크래프트'이건, '월드 오브 디아블로'이건 아직은 개발 초기 국면일 것으로 예상하며, 프로젝트의 실체를 확인한 이후 발매까지 보통 3~5년의 시간이 필요하다는 것을 고려한다면 한국 온라인 게임사업자, 특히 '아이온-B&S-길드워 2' 등의 라인업을 보유한 엔씨소프트에게는 기회가 있다는 것으로 해석될 수 있기 때문이다.

둘째, '초기 사용자 몰이-이후 사용자 가두리' 형식의 MMORPG 본연의 특성에서 나타나는 기회가 있을 수 있다. 패키지 출시 시점의 'WOW'의 북미 지역 판매량 추이를 보자. 초기 'WOW' 패키지가 판매되었던 2004년 말 발매 첫날 발매량 100만 장, 2007년 초 1차 확장팩 '불타는 성전' 발매 첫날 판매량 200만 장, 2008년 말 2차 확장팩 '리치왕의 분노' 첫날 판매량 280만 장. 엄청난 성공가도를 달리고 있는 것은 사실이다. 그러나 기존 사용자의 일시 구매라는 측면 역시 간과해서는 안된다. MMORPG는 게임 진입시점 차이에 따른 경험치 격차를 극복하기 어려운 난점이 있다. 서비스 초기에야 대부분의 사용자가 동일 시점에 시작하기에 수준 차이가 얼마 되지 않지만 서비스 1~2년이 지나면 신규사용자와 기존사용자의 격차가 너무 커져 신규사용자가 적응하기에 어려움이 있을 수밖에 없다. 그 결과를 반영하여 대부분의 MMORPG 사업자는 초기 사용자 몰이에 집중하여 성공한 경우, 이후에는 컨텐츠 추가를 통한 기존사용자 관리에 주력하게 되기 마련이다. '리니지' 연작이건, 'WOW'이건 MMORPG를 새로이 경험하고자 하는 사용자는 기존의 게임이 아닌 다른 게임에 주목할 수밖에 없다는 결론에 도달하며, 이는 한국시장에서의 이번 '아이온'의 대규모 성공에서도 입증된 내용이다. 결국, 새로우면서도 최소한 'WOW'에 견줄 수 있는 신작만 출시된다면 시장을 창출할 가능성 역시 존재한다는 결론에 도달한다.

전 세계적인 흥행을 기록하고 있는 게임산업의 최고작 'WOW'가 한국 게임산업에 미치는 영향을 이야기하기에 앞서 블리자드가, 그리고 'WOW'가 한국에서 받은 영향을 먼저 언급해보자. 우리는 한국 온라인 게임산업의 경쟁력에 대한 자부심을 가질 필요가 있기 때문이다. 'WOW'에 앞서 블록버스터 3종 세트, 즉 '스타크래프트'(1998) – '디아블로 2'(2000) – '워크래프트 3'(2002)의 처음을 연 스타크래프트의 전 세계 매출의 50%는 전 세계 게임시장의 5%도 차지하지 못하는 변방인 한국에서 이루어졌다. 불법복제의 온상으로 PC게임의 무덤이라 불리는 분위기에도 불구하고 달성된 수치인만큼 그 성공은 달성된 실적 그 이상의 의미를 가졌을 것으로 판단된다. 브로드밴드의 보급과 게임을 즐길 수 있는 공간인 PC방의 확산, 베틀넷을 통한 원격운영의 일상화, e-스포츠로의 확산 등 전 세계 어느 곳에서도 볼 수 없었던 경험을 한국에서 얻어내었을 것으로 추정되는 것이다.

그리고 2003년 '리니지 2'의 대성공에 이어 'WOW'가 출시되었다. 그러나 그 이전에 있었던 몇 가지 뉴스는 이제는 잊혀진 사실이 되어 있다. 'WOW'의 개발이 완료 국면에 진입한 2003년 말 블리자드는 한국 퍼블리셔 선정을 위한 경쟁입찰을 진행한 바 있으며 상대적으로 우월한 온라인 게임 운영 노하우를 가지고 있는 한국 온라인 게임 사업자로부터 그 내용을 전수받은 바 있다. 그 이후 블리자드는 최초의 현지법인을 한국에 설립하고 직접 서비스 방침을 발표하였다.

그 이후 북미 지역보다 먼저 오픈베타를 진행하는 등 충분한 테스트를 거쳐 전 세계적인 성공을 이끌어낸 바 있다. 우리는 여기에서 블리자드의 행태에 대해 감정적인 판단을 하기 위함이 아니라 가장 선진화된 시장으로서의 한국에 대한 이야기를 하고 싶었다. 세계 최고 수준의 사용자와 그 사용자의 요구 수준에 부응하는 네트워크 운영 기술과 게임 운영 등 한국 온라인 게임 산업의 경쟁력은 전 세계 흥행을 이끌어낸 'WOW'로부터 검증된다는 역설적인 내용에서 말이다.

❸ 'WOW'가 한국 게임산업에 미친 영향

2003년 이후 국내에서 'WOW'가 서비스 된지 5년, 'WOW'가 국내 게임산업에 미친 영향이 과연 무엇인지 파악하는 것이 선결되어야 할 것이다. 비록 'WOW'가 최고의 게임으로 찬사를 받고 있기는 하지만 온라인 게임 종주국이라 자부하는 국내에서조차 'WOW'가 게임산업의 근간에 대단한 영향력을 행사하고 있다는 것은 바람직하지 못하다. 그렇다면 과연 'WOW'가 우리의 게임산업에 미친 영향은 무엇인가?

첫째, 기존 서비스 중인 게임의 시장 잠식 가능성을 보자. 'WOW'의 출시 이후 당시 시장을 주도하던 '리니지' 연작을 포함한 대부분의 MMORPG의 PC방 트래픽의 감소는 있었지만, 확인할 수 있는 '리니지' 연작의 매출 감소는 그다지 크지 않았다. 그러나 이렇게 생각해보자. 'WOW'가 출시된 2004년 이후 월정액으로 상용화에 돌입한 MMORPG, 아니 온라인 게임이 있었던가를. 대부분의 게임 개발사와의 인터뷰에서 돌아오는 답변은 두 가지였다. "시장의 대세는 부분유료화입니다. 그렇기에 우리는 개발 초기부터 월정액 과금을 고려하지 않았습니다." 아니면 "'WOW'의 출시 이후 최소한 'WOW'와 비교가 가능한 수준으로는 만들어야 합니다. 그런데 그것이 가능한 건지 모르겠습니다." 11월 상용화에 돌입하여 성공가도에 있는 '아이온'의 경우에 대해서도 사용자 사이에서 가장 논란이 되는 부분이 "'WOW'와의 비교'이다.

엔씨소프트 CEO 역시 'WOW'는 좋은 게임이며 우리 역시 그에 비교될 수 있는 우리의 게임을 만들겠다고 공식 석상에서 언급한 바 있음을 상기해 볼 필요가 있다. 결국, 'WOW'의 출시로 우리가 최초에 예상한 시장 잠식 효과는 상대적으로 적었을지는 몰라도 최소한 새로운 게임의 시장진입에 대한 사용자의 눈높이를 높이는 효과와 함께 개발사에게 개발기간 연장과 그에 따른 비용 확대 부담을 주었던 것은 확실하다는 판단이다.

둘째, 온라인 게임 가격 질서의 재편 가능성은 예상할 수 있었다. 최초 'WOW'의 월정액 과금 수준은 22,500원으로 기존 '리니지' 연작 대비 16.7% 낮은 수준으로 책정되었음에도 불구하고 해외 과금 대비 높은 수준으로 책정되며 사용자의 강한 반발을 산 바 있으며, 유료 서비스 개시 1년 만에 20%를 할인하여 현재의 18,000원의 월정액 과금을 적용하고 있다. 'WOW'의 출시 이후 변화된 결과는 'WOW' 이후 '아이온' 이전에 월정액 과금을 시도한 모든 게임의 실패, 모든 신규게임은 부분유료화가 당연한 것으로 받아들여졌으며, '아이온' 이전 한국 MMORPG의 마지막 보루인 '리니지' 연작의 단가 인하는 이루어지지 않았지만, '아이온'의 신규과금 수준이 'WOW' 수준으로 맞추어지면서 가격 질서의 재편이 마무리된 것이다.

셋째, 아이템 현금거래의 관행 변화 가능성은 그동안은 큰 변화는 없었지만 최근의 '아이온'의 오토프로그램 단속 방침에서 확인되는 것처럼 새로운 질서체계가 형성되어가는 것으로 판단한다. 사실 산전수전 다 겪은 충성도 높은 '리니지' 연작의 사용자와는 달리 미들코어 사용자가 많을 것으로 추정되는 '아이온'의 경우 30일 300시간 정액제의 도입과 함께 자동사냥 프로그램 단속을 통해 사용자의 게임 이용환경 개선에 주력하고 있다는 것은 'WOW'의 아이템 현금거래 관행 변화 시도의 의도와 크게 다르지 않다고 판단하고 있다.

‘WOW’의 출시 이후 우리가 예상했던 시장의 변화는 4년간에 걸쳐 이제는 하나의 확실한 시장질서로 자리 잡았다고 판단한다.

첫째, 가장 수익성이 높은 MMORPG 시장에서 성공하려면 최소한 ‘WOW’에 견줄 수 있는 수준의 게임으로 출시되어야 하며, 둘째, 서비스 가격 역시 월정액 요금이 향후에는 월 18,000원을 넘어서기 어렵고 대부분 게임은 부분유료화로 진행되어야 할 것이고, 셋째, 오랜 기간 게임을 즐겨온 사용자 이외의 사용자 기반을 넓히기 위한 다각도의 고민이 진행되어야 한다는 것이다.

‘WOW’로 야기된 국내 시장의 질서 재편이 마무리되었다면, 이제부터 중요한 지점은 해외 시장이 될 것이다. 한국이 상대적으로 인구 대비 온라인 게임 사용자 비율이 높기는 하지만 제한된 시장임에는 틀림이 없다. 높아지고 있는 개발비용 부담을 덜고 이익레버리지를 확대 하려면 해외시장에서의 성과가 필수적이기 때문이다.

5. 세계 게임산업 동향

(1) 개요

〈표 1〉 세계 게임시장 현황 및 전망 : 2004~2009(단위 : 백만 달러)

구 분		2004	2005	2006	2007(E)	2008(E)	2009(E)
아케이드	매출액	32,526	35,076	32,705	33,503	34,824	36,191
	성장률	–	7.8%	-6.8%	2.4%	3.9%	3.9%
PC	매출액	4,122	3,639	3,251	3,042	3,847	2,664
	성장률	–	-11.7%	-10.7%	-6.4%	-6.4%	-6.4%
비디오	매출액	21,045	21,495	30,056	,37,415	33,374	28,424
	성장률	–	2.1%	39.8%	24.5%	-10.8%	-14.8%
온라인	매출액	2,713	3,775	5,103	6,470	8,634	10,156
	성장률	–	39.1%	35.2%	26.8%	33.4%	17.6%
모바일	매출액	1,817	2,338	3,474	4,688	5,923	7,125
	성장률	–	28.7%	46.8%	35.0%	26.3%	20.3%
합계	매출액	62,223	66,323	74,589	85,118	85,602	84,560
	성장률	–	6.6%	12.5%	14.1%	0.6%	-1.2%

　　세계 게임시장은 2006년 기준 약 746억 달러의 규모를 형성하고 있으며, 전년도와 비교하여 12.5%로 높은 성장률을 기록하였다. 2006년도에는 아케이드 및 PC게임시장이 축소되는 경향을 보였으나 휴대용 게임기의 확산과 차세대 플랫폼인 **XBOX**의 출시는 전체 게임시장의 성장을 이끄는 견인차 역할을 하였다. 2007년은 아케이드 게임산업 역시 선도국인 일본의 내수 경기 활성화와 함께 회복세를 보이겠으며, 비디오게임에서도 **PS3**출시와 판매가 본격화되

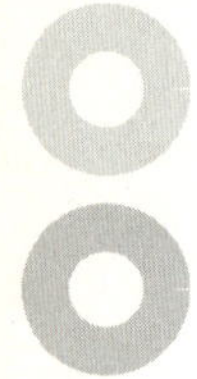

고 하드웨어 판매에 뒤이은 소프트웨어 판매의 증가로 14%가량의 높은 성장세를 보일 것으로 보인다. 향후 2009년에는 2010~2011년경 새롭게 등장할 플랫폼에 대한 기대로 기존 플랫폼의 판매가 다소 정체되는 현상을 보이며, 전년 대비 1.2%가량 감소한 846억 달러가량의 시장 규모를 이룰 것으로 전망된다.

〈표 2〉 플랫폼별 세계 게임시장 규모 전망 : 2004~2009(단위 : 백만 달러)

구 분	2004	2004	2006	2007	2008	2009
아케이드	32,526	35,076	32,705	33,503	34,824	36,191
PC	2,713	3,639	3,251	3,042	2,487	2,664
비디오	21,045	21,495	30,056	37,415	33,374	28,424
온라인	4,122	3,775	5,103	6,470	8,634	10,156
모바일	1,817	2,338	3,474	4,688	5,923	7,125

플랫폼별 게임시장 현황을 살펴보면, 우선 아케이드 게임의 경우 2006년 기준 약 327억 달러가량의 시장을 형성하고 있으며, 타 플랫폼에 비해 비교적 낮은 수준이지만 지속적으로 성장할 것으로 전망된다. 미국과 유럽 아케이드 게임시장은 아케이드 전용게임장이나 싱글 로케이션이 감소하는 반면, 가족을 대상으로 한 복합 엔터테인먼트 공간으로 가족용 게임센터(Family Entertainment Center FEC)가 빠르게 성장하고 있다.

한편 일본, 대만, 한국 등 아시아 아케이드 게임시장은 지난 몇 년 동안 성인 중심의 경품지급게임(AWP, Amusement With Prize)이 급속히 확산되었으나, 한국은 성인용 게임산업의 사행성 논란으로 법적 제재가 강화되고, 산업적으로는 큰 침체기를 맞고 있다. 일본은 2002년 이후 시장 규모가 지속적으로 성장하고 있는데, 내수 시장의 활성화와 더불어 게임장의 대형화, 트레이딩 카드 등의 도입으로 인한 기기 1대당 매출액 상승 등의 배경이 되었다. 세계 아케이드 게임시장에서 가장 영향력이 큰 일본의 경우 최근 TV게임(업소용 비디오게임), 음악게임, 경품게임 등 전 분야에 걸쳐 네트워크화가 급속이 진전됨으로써 지속적인 시장 확대가 이루어지고 있으며, 세계 각국의 아케이드 게임시장으로 확산될 전망이다.

PC게임은 다른 게임 플랫폼과 비교하여 가장 사양화되는 추세에 있다. 2006년도 PC게임시장 규모는 33억 달러로 전년도에 비해 11%가량 감소하였으며, 향후 2009년도에는 27억 달러 규모로 축소될 것으로 예상된다. 현재 전통적 PC게임으로 특화된 분야는 아동용 혹은 교육 등의 게임이나 미소녀 게임 등으로 한정적이며, 최근 PC게임이나 비디오게임기, 모바일 등 모든 게임의 온라인화가 진행되면서 사실 독립된 영역으로서 PC게임은 다루는 것은 큰 의미가 없다고 하겠다. 해외 게임 관련 보고서를 보더라도 PC게임을 단순히 패키지 게임이 아닌 PC를 기반으로 하는 게임(PC-based Game)으로 통칭하고 있으며, 온라인 게임을 PC게임의 새로운 유통 형태로 다루며 그것이 갖는 비즈니스 모델과 이용자 커뮤니티의 특성에서 새로운 시장 가능성을 발견하고 있다.

비디오게임시장은 기존 게임기의 라이프 사이클의 막바지에 이른 2004년까지 지속적으로 축소되어 왔으며, 2005년 소니 PSP, 닌텐도 DS 등 휴대용 게

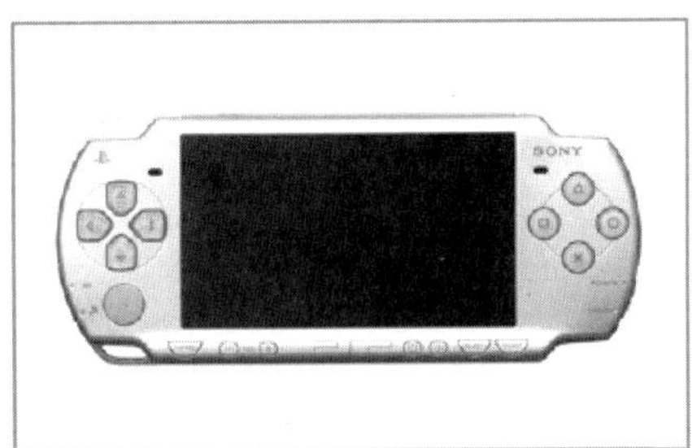

〈그림 1〉 SONY PSP

〈그림 2〉 Nintendo NDSL

임기의 등장과 2005년 11월 MS의 XBOX360이 출시됨에 따라 빠르게 시장이 확장되고 있다. 이에 따라 2006년 비디오게임시장은 301억 달러 규모로 확장되어 전년 대비 39.8%의 높은 성장률을 기록하며 향후 2007년에는 가장 호조를 보이며 374억 달러 규모로 확장될 것으로 기대된다.

온라인 게임은 모바일 게임과 함께 지속적으로 높은 성장이 예상되는 부문이다. 2006년 기준, 온라인 게임시장 규모는 51억 달러이며 전년 대비 35.2% 성장하였다. 최근 온라인 게임은 중(Heavy)이용자들뿐만 아니라 경(Light)이용자를 위한 캐주얼 장르가 확산되면서 이용층이 확산되는 동시에 가상현실과 같은 새로운 장르가 시도되고 있다.

모바일 게임은 2006년 35억 달러 시장 규모에서 점차 성장률이 둔화되어 가는 추세이며, 2009년에는 2배가량 성장한 71억 달러에 이를 것으로 전망된다. 이러한 모바일 게임에 대한 예측은 당초의 산업 전망보다 훨씬 밑도는 수치이다. 그 이유는 모바일 게임의 경우 다른 플랫폼에 비해 국가나 이동통신사와 같은 외부 환경의 영향이 크며 아직까지 확실한 수익 구조가 형성되지 않았다는 점 등을 들 수 있다. 최근 모바일 게임의 발전경로를 살펴보면 중(Heavy)이용자들을 위한 플랫폼으로서 역할도 일정정도 수행하지만 여러 생활형 서비스들과 결합하여 퓨전화 되어 가는 현상이 두드러진다. 이는 게임을 전용으로 하는 휴대용 게임기의 보급으로 휴대폰 단말기가 이들과 동일한 영역에서 결장하고 시장 분할을 하기보다는 다수의 경(Light)이용자를 대상으로 보급하는 것이 훨씬 더 효율적이기 때문이다.

〈표 3〉 플랫폼별 세계 게임시장 점유율 : 2006 / 2009

2006년		2009년	
비디오게임	40.3%	비디오게임	33.6%
PC게임	4.4%	PC게임	3.2%
아케이드 게임	43.8%	아케이드 게임	42.8%
모바일 게임	4.7%	모바일 게임	8.4%
온라인 게임	6.8%	온라인 게임	12.0%

세계 게임시장의 플랫폼별 점유율을 살펴보면 2006년 기준 전체 746억 달러의 게임시장 중 아케이드 게임이 43.8%로 가장 높은 비중을 차지하고 있다 다음으로 비디오게임 40.3%, 온라인 게임이 6.8%, 모바일 게임이 4.7%, PC게임이 4.4%의 순이다. 향후, 2009년에는 전체 게임시장 846억 달러 중 아케이드 게임(42.8%)이 가장 비중이 높으며, 다음으로 비디오게임 (33.6%), 온라인 게임(12.0%), 모바일 게임(8.4%), PC게임(3.2%) 순으로 전망된다. 온라인 게임 은 전체 시장의 6.8%에서 12.0%로 2배가량 비중이 증가할 것으로 예상되며, PC게임은 2006년 을 기점으로 시장 규모가 가장 작은 분야로 전락하였다.

세계 게임시장의 권역별 점유율은 2002년도에는 미국이 전체 시장의 약 35%로 가장 높은

비중을 차지하였으나, 2006년에는 아시아 지역이 35%로 가장 높았으며, 다음으로 미국 34%, 유럽 지역 31%로 나타났다. 이러한 권역별 시장 점유율은 향후 2009년도에 이르러서 아시아 시장의 강세가 더욱 눈에 띄게 된다.

2006년 게임플랫폼 내에서 세계 각 권역의 점유율을 살펴보면, 특정한 플랫폼에서 우세한 지역이 나타난다. 우선, 아케이드 게임에서는 아시아 지역이 가장 강세를 보이며, 다음으로는 유럽시장이 높은 비중을 차지하고 있다. 온라인 게임과 모바일 게임에서도 역시 아시아 지역이 가장 높은 점유율을 기록하고 있다. PC게임은 유럽 지역이 가장 강세를 보이는 반면, 비디오게임에서는 미국의 비중이 가장 높은 것으로 나타났다.

세계 게임시장에 대한 전망은 게임 유저들의 게임 이용 행위의 변호와 변화상이 과거 와 어떠한 차이점이 있는지를 통해 향후의 방향을 예측할 수 있다. 세계적으로 게임산업은 꾸준히 양적으로 성장하는 추세이다. 과거에는 컴퓨터 게임의 이용자가 18세 이하의 연령층이 대부분이었다면, 현재는 과거 게임의 주요 소비자가 성장함에 따라 게임 이용자 연령이 확대되고 있는 것이다. 특히 PC게임과 비디오 게임산업에서 이러한 역사적, 인구학적 변화의 경향이 뚜렷이 나타나고 있다. 또한, 과거에 게임을 즐기며 자라온 세대가 게임 시스템을 구매하는 것은, 자신뿐만 아니라 자녀들과 함께 사용하기 위해서이다. 이에 따라 닌텐도나 소니 등에서 출시되는 게임기는 점차 복합화된 시스템(Multiple System)으로 진화되어 가고 있다.

컴퓨터 게임이 한 가구의 전체 세대가 즐길 수 있는 엔터테인먼트 기기화되어 가는 것과 상반되게, 게임기의 이동성강화(Portable Game, Mobile Game)는 게임 이용의 라이프스타일을 변화시켰다. 예컨대 비디오게임(가정용게임)은 거실에서 TV모니터에 연결하여 온가족이 즐겼으며, 게임보이는 집 밖에서 이동 중이거나 학교나 직장의 휴식시간에 즐기는 형태였다. 그러나 닌텐도 DS와 같은 휴대용게임기의 펜이나 음성인식과 같은 플레이 방식의 진화로 인해 이동 중에 즐기는 것이 어려워지고, 각자의 방에서 혼자서 게임을 즐기는 형태로 변화되었다. 그러한 게임이용의 라이프스타일 변화는 게임 이용시간의 확장과 새로운 게임 장르의 개척과 다양화를 가져왔다.

(2) 플랫폼별 시장 동향

❶ 아케이드 게임

아케이드 게임은 세계 게임시장에서 가장 높은 점유율을 차지하는 분야이다. 일반적인 아케이드 게임시장 분야는 아케이드 전용게임장(오락실)과 백화점, 헬스장 등에 설치된 싱글로케이션, 가족 단위의 대형 복합위락시설 등을 포함하며, 아케이드 게임시장 매출액은 아케이드 게임기기 판매액과 운영 수익을 합한 수치이다.

〈표 4〉 권역별 세계 아케이드 게임시장 규모 및 전망 : 2004~2009

구 분	2004	2004	2006	2007(E)	2008(E)	2009(E)
미국	11,510	14,831	11,943	12,120	12,801	13,510
유럽	10,016	10,455	10,737	11,027	11,325	11,631
아시아	11,000	9,790	10,025	10,356	10,698	11,050
전체	32,526	35,076	32,705	33,503	34,824	36,191

<표 5> 권역별 세계 아케이드 게임시장 규모 및 성장률 : 2004~2009(단위 : 백만 달러)

구 분		2004	2005	2006	2007	2008	2009
US	매출액	11,000	9,890	10,025	10,356	10,698	11,050
	성장률	–	−11.0%	2.4%	3.3%	3.3%	3.3%
Europe	매출액	10,016	10,455	10,737	11,027	11,325	11,631
	성장률	–	4.4%	2.7%	2.7%	2.7%	2.7%
Asia-pacific	매출액	11,510	14,831	11,943	12,120	12,801	13,510
	성장률	–	28.9%	−19.5%	1.5%	5.6%	5.5%
합계	매출액	32,526	35,076	32,705	33,503	34,824	36,191
	성장률	–	7.8%	−6.8%	2.4%	3.9%	3.9%

　　세계 아케이드 게임시장은 2006년 기준으로 327억 달러 규모를 형성하고 있으며, 2009년에서는 362억 달러 규모에 이를 것으로 전망된다. 2006년도 아시아 지역 아케이드 게임시장 규모는 전년 대비 19.5% 하락한 119억 달러 규모인데, 이는 경품 지급게임의 성장으로 아시아 시장 내 큰 비중을 차지했던 한국시장이 사행산업에 대한 정부의 규제로 인해 크게 축소되었기 때문으로 풀이된다.

　　2006년 기준 권역별 아케이드 게임시장 규모는 아시아 지역이 1,190억 달러로 전체의 36%를 점유하고 있으며, 다음으로는 유럽 지역이 107억 달러(33%), 미국이 100억 달러(31%) 순이다. 미국과 아시아 지역의 아케이드 게임산업의 특성은 서로 상이한데, 미국이 가족용 엔터테인먼트 센터나 음식점과 결합한 복합적인 공간으로서 자리 잡고 있다면, 일본이나 한국은 아케이드 전용 게임장 중심으로 운영되는 경우가 많다. 미국의 아케이드 게임시장은

2005년 일시적으로 11%의 성장률 하락이 나타났는데, 전년 대비 아케이드 게임시설은 백화점이나 할인마트 등에 설치된 싱글로케이션을 중심으로 성장하였다. 이에 따라 아케이드 게임기기 매출은 상승하였으나 운영 수익은 2005년 7억 달러로 전년 대비 20.5% 감소를 기록하였다.

〈표 6〉 미국 아케이드 게임 시설 및 운영 수익 : 2002~2006

구 분		2002	2003	2004	2005	2006
시설(개)	아케이드 전용 게임장	4,600	4,900	5,000	5,500	4,000
	싱글로케이션	224,000	196,000	225,000	422,000	250,000
	가족용 게임센터	2,000	2,500	2,000	2,000	3,000
	합계	230,600	203,400	232,000	429,500	257,000
운영수익(백만 달러)		N/A	N/A	880	700	600

또한 2006년 미국의 아케이드 게임 시설은 전용 게임장이 전년 대비 27% 감소한 4,000개소, 싱글로케이션이 41% 감소한 25만 개소로 집계되었다. 반면 가족용 복합 엔터테인먼트 센터는 50% 증가한 3,000개소로 나타났다. 전체적으로 아케이드 게임시설은 전년 대비 40% 감소하여 총 운영 수익이 6억 달러 수준으로 형성되고 있다.

〈표 7〉 일본 아케이드 게임시장 규모 : 2000~2005(단위 : 억 엔)

구 분	2000	2001	2002	2003	2004	2005
게임기 판매액	1,426	1,408	1,545	1,779	1,806	1,992
게임장 매출액	5,964	5,903	6,055	6,377	6,492	6,825
합계	7,390	7,311	7,600	8,156	8,298	8,817
성장률	−8.4%	−1.1%	4.0%	7.3%	1.7%	6.3%

〈표 8〉 일본 게임장 점포 수 및 운영수익 추이 : 2000~2005

구 분		2000	2001	2002	2003	2004	2005
게임장 매출액	매출액(억 엔)	5,964	5,903	6,055	6,377	6,492	6,825
	성장률	96.3%	99.0%	102.6%	105.3%	101.8%	105.1%
점포수	점포수(만 개)	3.4	3.2	2.8	2.6	2.5	2.4
	성장률	86.6%	94.3%	89.7%	93.0%	95.0%	95.4%
설치대수	대수(만 대)	80.6	77.3	73.3	69.4	68.5	69.9
	성장률	93.1%	95.9%	94.8%	94.7%	98.7%	102.2%
한 점포당 설치대수	대수(만 대)	24.1	24.5	25.8	26.3	27.3	29.3
	성장률	7.6%	1.7%	5.3%	1.9%	3.8%	7.0%
한 점포당 연간매출액	매출액(만 엔)	1,780	1,868	2,136	2,419	2,592	2,855
	성장률	11.1%	4.9%	14.3%	13.3%	7.1%	10.1%
한 대당 연간매출액	매출액(만 엔)	74	76.3	82.6	91.9	94.8	97.6
	성장률	3.4%	3.1%	8.3%	11.3%	3.2%	2.9%

아케이드 게임에서 아시아 지역은 일본에 높은 의존도를 보인다. 지난 1996년 이후 일본의

아케이드 게임산업은 지속적인 하향화 추세였으나 2002년 이후 처음으로 성장률이 증가세로 돌아섰다.

❷ PC게임

현재 PC게임은 지속적으로 축소되고 있는 분야이다. 2006년 기준 PC게임시장 규모는 33억 달러가량으로 전년 대비 10.7%가량 마이너스 성장을 기록하였으며, 향후 2009년에는 27억 달러가량의 시장 규모를 형성할 것으로 전망된다. 최근 전통적인 PC게임에 대한 논의는 점차 어려워지고 있는데, 그 이유는 기존 게임의 온라인화가 진행되면서 둘 간의 구분이 모호해지는 동시에 비디오게임기의 진화 방향 역시 PC와 유사해지는 경향이 있다. 특히 PC게임과 비디오게임의 유사성은 제작환경의 차이가 점차 줄어든다는 것을 의미하는데, 이는 아주 낮은 비용으로 PC게임을 비디오게임으로 컨버팅 할 수도 있다는 것을 의미한다. 일반적으로 PC게임은 플랫폼 홀더에게 수익의 일부를 떼어주지 않아도 되기 때문에 개발사에 더 유리한 수익 모델을 가지고 있다. 전통적 의미의 PC게임이라고 할 때 대체로 국내에서는 패키지 형태의 소프트웨어를 판매하는 게임을 의미하지만 그 범위가 모호하다. 현재 PC게임이라고 할 때 대부분은 아동용 교육게임(Edutainment) 혹은 가족용 게임(Family entertainment)이 대부분을 차지한다. 향후 PC게임은 과거와 같은 한정된 분야를 다루는 것이 아니라 온라인 게임(MMOG)을 포함하는 개념의 확장과 재정립이 필요하다 하겠다.

국내의 게임 플랫폼 구분에서는 PC게임과 온라인 게임을 구분하지만 외국에서는 온라인을 독립적인 게임 플랫폼이 아닌 기존의 PC게임에서 온라인 기술이 접목되어 나타나는 새로운 서비스 방식으로 간주한다. 그리고 온라인 게임의 강력한 비즈니스 모델은 비디오게임에서도 온라인화가 확산되면서 해당 시장의 규모를 확대시킬 것으로 기대된다.

<표 9> 권역별 세계 PC게임 규모 및 성장률 : 2004~2009

구 분		2004	2005	2006	2007	2008	2009
미국	매출액	1,380	1,132	1,014	959	907	858
	성장률	–	−18.0%	−10.4%	−5.4%	−5.4%	−5.4%
유럽	매출액	1,700	1,543	1,370	1,283	1,202	1,126
	성장률	–	−9.2%	−11.2%	−6.4%	−6.3%	−6.3%
아시아	매출액	1,042	964	867	800	738	680
	성장률	–	−7.5%	−10.1%	−7.7%	−7.8%	−7.9%
합계	매출액	4,122	3,639	3,251	3,042	2,847	2,664
	성장률	–	−11.7%	−10.7%	−6.4%	−6.4%	−6.4%

❸ 비디오게임

비디오게임은 아케이드 게임 다음으로 큰 시장을 형성하고 있으며, 2006년 비디오게임시장은 소니 PS3와 닌텐도 Wii가 출시됨에 따라 시장 규모는 301억 달러로 전년 대비 39.8%의 높은 성장률을 기록하고 있다. 차세대 게임기의 출시에 있어 가장 두드러지는 특징은 지역적인 한계를 넘어서 전 세계 동시 발매를 하게 된다는 것이다. 지금까지 일본에서 비디오게임 하드웨어가 출시될 경우, 통상적으로 일본에서 먼저 발매가 이루어지고 이후 미국에서 발매되며 수개월의 간격을 두고 유럽시장에 출시되었다. 그러나 PS3에 와서는 그로 인한 타임 랙이 없어지게 됨으로써 지금까지 일본이나 미국을 중심으로 형성되어 왔던 비디

오게임시장에서 상대적으로 2순위로 여겨졌던 유럽시장이 대폭 활성화될 수 있는 가능성을
보여주고 있다.

〈그림 3〉 소니 PS3

〈그림 4〉 닌텐도 Wii

　　비디오게임시장의 확장은 이상과 같이 유통방식의 개선을 통해서 뿐만 아니라 신규이용
층의 개척에 따라 더욱 가속화될 것으로 예상된다. 구체적으로 개인 이용자에서부터 가족
을 대상으로 한 타이틀의 개발과 터치스크린과 같은 쉽고 간단한 조작방식을 채용함으로
써, 과거에는 비디오게임을 사용하였으나 현재에는 이용하고 있지 않는 장년층(회기 이용
자)으로 그 대상을 확장하고 있다. 또한 여성을 대상으로 한 캐주얼 게임과 노년층의 치매

예방을 위한 특수목적용 게임을 개발하는 등 새로운 수요층을 개척하기 위한 노력이 계속되고 있다.

〈표 10〉 권역별 세계 비디오게임시장 규모 및 성장률 : 2004~2009

구 분		2004	2005	2006	2007	2008	2009
미국	콘솔 H / W	1,580	1,642	3,601	5,009	3,470	2,402
	콘솔 S / W	5,051	4,457	5,343	6,923	6,984	6,260
	소계	6,631	6,081	8,944	11,932	10,454	8,662
	휴대용 H / W	618	1,425	1,496	1,381	1,072	768
	휴대용 S / W	92	1,512	1,707	1,592	1,406	1,241
	소계	1,570	2,937	3,203	2,973	2,478	2,009
	합계	8,201	9,018	12,147	14,905	12,932	10,671
	성장률	–	10.0%	34.7%	22.7%	−13.2%	−17.5%
유럽	콘솔 H / W	1,878	1,464	2,906	4,082	2,729	2,047
	콘솔 S / W	3,990	3,238	4,563	6,987	6,981	6,078
	소계	5,868	4,702	7,469	11,069	9,710	8,125
	휴대용 H / W	368	728	809	730	584	451
	휴대용 S / W	705	1,109	1,071	931	796	722
	소계	1,073	1,837	1,880	1,661	1,380	1,173
	합계	6,941	6,539	9,349	12,730	11,090	9,298
	성장률	–	−5.8%	43.0%	36.2%	−12.9%	−16.2%
아시아	콘솔 H / W	693	497	2,038	2,447	2,283	1,999
	콘솔 S / W	3,266	2,650	3,710	4,735	4,965	4,692
	소계	3,059	3,147	5,748	7,182	7,248	6,691
	휴대용 H / W	1,050	1,431	1,332	1,214	878	689

구 분		2004	2005	2006	2007	2008	2009
아시아	휴대용 S / W	894	1,360	1,480	1,384	1,226	1,075
	소계	1,944	2,791	2,812	2,598	2,104	1,764
	합계	5,903	5,938	8,560	9,780	8,352	8,455
	성장률	–	0.6%	44.2%	14.3%	–4.4%	–9.6%
합계	매출액	21,045	21,495	30,056	37,415	33,374	28,424
	성장률	–	2.1%	39.8%	24.5%	–10.8%	–14.8%

비디오게임을 거치형의 '콘솔게임'과 이동이 자유로운 '휴대용게임'으로 구분하였을 때, 콘솔게임은 2006년을 기준으로 미국이 89억 4,400만 달러로 가장 큰 비중을 차지하고 다음으로 유럽(74억 6,900만 달러), 아시아(57억 4,800만 달러)의 순이다. 2006년 비디오게임시장을 콘솔게임시장과 휴대용 게임시장으로 구분하여 살펴보면, 전자에서는 미국이 40.0%로 가장 높은 반면, 후자에서는 아시아 지역이 56.8%로 절반 이상을 차지하고 있다. 현재 휴대용 게임기의 대부분은 일본의 닌텐도와 소니에 의해서 개발, 보급되고 있는데, 이러한 지역적 특성이 이용자 확보에 영향을 미치는 것으로 볼 수 있다.

향후 2011년 콘솔게임에 가장 많이 이용될 기종은 PS2이며 전체의 31.7%를 차지한다. 다음으로 Wii와 PS3가 17.2%, XBOX360이 12.8%를 차지할 것으로 전망된다. 한편 휴대용 게임에서는 닌텐도 DS가 35.4%, Gameboy 28.8%, PSP 20.5%인데 게임 기업별로 볼 때 닌텐도가 소니를 월등하게 앞지르고 있음을 알 수 있다.

❹ 온라인 게임

2006년 온라인 게임시장은 브로드밴드 보급률의 상승과 콘솔의 네트워크 기능 강화, 온라인 게임 장르의 다양화, 캐주얼MMOG 확산 등으로 지속적으로 이용자가 증가하고 있다. 현재는 온라인 게임의 인스톨 베이스로 PC가 가장 주도적인 역할을 하지만 XBOX360, PS3, Wii 등 차세대 비디오게임기의 보급에 따라 2007년 이후 콘솔 기반 온라인 게임의 비중이 점차 증가할 것으로 전망된다.

〈표 11〉 권역별 세계 온라인 게임시장 규모 및 성장률 : 2004~2009

구 분		2004	2005	2006	2007	2008	2009
미국	매출액	639	907	1,295	1,710	2,589	3,296
	성장률	–	41.9%	42.8%	32.0%	51.4%	27.3%
유럽	매출액	197	365	651	883	1,646	2,021
	성장률	–	85.3%	78.4%	35.6%	86.4%	22.8%
아시아	매출액	1,877	2,503	3,157	3,877	4,399	4,839
	성장률	–	33.4%	26.1%	22.8%	13.5%	10.0%
합계	매출액	2,713	3,775	5,103	6,470	8,634	10,156
	성장률	–	39.1%	35.2%	26.8%	3.4%	17.6%

미국은 2006년 이후부터 10억 달러를 넘어서는 12억 9,500만 달러의 시장 규모를 형성하고 있으며, 유럽은 2008년 이후 전년 대비 2배 수준인 16억 4,600만 달러 규모를 형성할 것으로 예상된다. 온라인 게임에 나타나는 커뮤니티와 같은 현상은 다른 사회적 네트워크

부문에 영향을 미칠 수 있으며, 새로운 이용자 유형과 비즈니스 모델의 확장 가능성으로 인해 많은 주목을 받고 있다. 온라인 게임은 기존의 아케이드 게임이나 비디오게임과는 달리, 다양한 비즈니스 모델을 적용할 수 있는데, 예를 들면, 아이템 판매나 광고 수익 등이 있다. 이런 점에서 게임 개발 및 유통사들에게 온라인 게임은 매력 있는 시장으로 떠오르고 있다.

세계 온라인 게임시장은 2006년 51억 달러 규모를 형성하고 있으며 전년 대비 35.2%의 성장률을 기록하고 있다. 향후 2009년에는 2005년의 약 2배 규모인 102억 달러가량의 시장이 형성될 것으로 예상된다. 온라인 게임 분야는 2006년 현재 아시아 지역이 전체의 60% 이상을 차지하며 시장을 주도해 가고 있지만, 미국과 유럽시장이 급격히 성장하여 2009년에는 양자를 합한 규모가 아시아 시장을 능가할 것으로 예상된다.

세계적으로 온라인 게임은 전통적인 MMORPG장르가 긴 라이프사이클을 가지면서 여전히 두터운 이용자층을 형성하고 있고, 온라인 게임 장르가 다양해짐에 따라 지속적인 성장을 이어가고 있다. '울티마 온라인', '애쉬론즈콜', '에버퀘스트' 등은 '월드 오브 워크래프트'가 등장하기 이전까지 약 6년 동안 가장 인기 있는 게임타이틀이었고, 현재에도 여전히 일정 규모 가입자를 바탕으로 꾸준히 운영되고 있다.

〈그림 5〉 울티마 온라인

〈그림 6〉 애쉬론즈콜

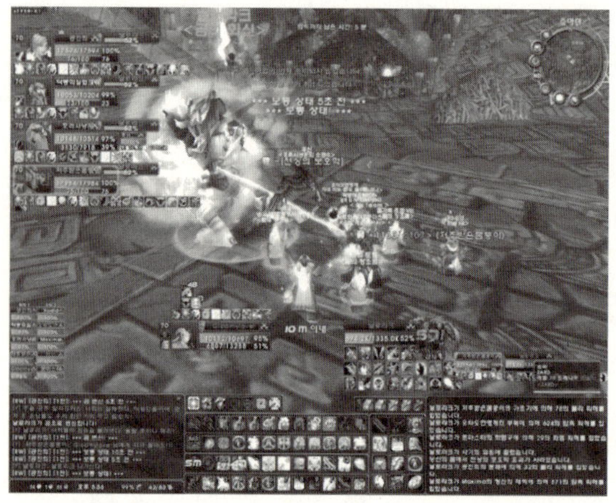

〈그림 7〉 WOW

〈그림 8〉 에버퀘스트 2

  과거 온라인 게임의 소재는 대부분이 판타지였으나, 2006년 기준으로 판타지 67%, 사이언스 픽션류 18%, 역사물 6%, 가상현실 4% 등의 순으로 다양화가 나타났다. 최근 RPG장르와 비교해 훨씬 대중적으로 급부상하고 있는 장르가 실제 생활형(Real Life or Lifestyle Simulation) 게임이다. 이러한 장르는 2002년경 EA사의 '더심즈 온라인'이 초기 단계였다면, 2005년께 출시된 '세컨드라이프'는 게임의 새로운 장르를 개척하고 있다고 할 수 있다.

〈그림 9〉 심즈 온라인

〈그림 10〉 세컨드라이프

  국내뿐 아니라 세계 온라인 게임시장은 여전히 빠르게 성장하는 분야이며, 이 이유를 요약하자면 다음과 같다. 첫째, 온라인 게임(MMOG)은 PC기반 온라인 게임(PC-based MMOG)뿐만 아니라, 콘솔기반 온라인 게임(Console-based MMOG), 모바일 기반 온라인 게임(Mobile-based

MMOG)으로 플랫폼이 다양화되고 있다. 둘째, 게임 장르의 확장으로 중(Heaby)이용자 중심의 MMORPG 혹은 판타지류에서 캐주얼 게임으로 이용자가 확대되었다.

또한 기존에 게임이라고 불리던 것과는 다른 형식을 가진 가상현실이라는 새로운 장르가 생기는 등 게임 개념의 확장은 온라인 게임시장 성장의 주요 요인이라 하겠다. 셋째, 기존 온라인 게임이 하드웨어에 게임을 다운로드 하는 것과는 달리 완전히 웹을 기반으로 하는 게임이나 플래시 게임 등으로 유료화 서비스의 범위가 확산되고 있다. 이외에도 온라인 게임의 새로운 비즈니스 모델 발굴과 커뮤니티 활용 등은 향후 온라인 게임시장의 낙관적인 전망을 가능하게 한다.

❺ 모바일 게임

〈표 12〉 권역별 세계 모바일 게임시장 규모 및 성장률 : 2004~2009

구 분		2004	2005	2006	2007	2008	2009
미국	매출액	170	252	570	868	1,198	1,541
	성장률	–	48.2%	126.2%	52.3%	38.0%	28.6%
유럽	매출액	497	520	761	1,037	1,323	1,668
	성장률	–	4.6%	46.3%	36.3%	27.6%	26.1%
아시아	매출액	1,150	1,566	2,143	2,783	3,402	3,916
	성장률	–	36.2%	36.8%	29.9%	22.2%	15.1%
합계	매출액	1,817	2,338	2,474	4,688	5,923	7,125
	성장률	–	28.7%	48.6%	35.0%	26.3%	20.3%

2006년도 세계 모바일 게임시장은 전년 대비 48.6%라는 높은 성장률을 기록하였다. 이에 따라 2006년 모바일 게임시장은 35억 달러 규모로 PC게임시장 규모를 앞질렀으며, 2009년에는 약 71억 달러 규모로 지속적인 성장세를 나타낼 것으로 전망된다.

2006년 권역별 모바일 게임시장 점유율은 아시아 지역이 전체의 62%를 차지하고 있으며, 유럽 지역이 22%, 미국이 16%를 차지하고 있다. 일반적으로 미국은 아케이드 게임이나 비디오게임 등 대부분의 플랫폼에서 매우 높은 비중을 차지하고 있으나, 모바일 게임 분야에서는 유럽 및 아시아 지역에 비해 매우 뒤져 있는 실정이다. 향후 2009년 권역별 모바일 게임시장 점유율은 아시아 지역이 55%로 그 비중이 상대적으로 축소된 반면, 유럽이 23%, 미국이 22%를 차지할 것으로 예상된다. 전체적으로 시장 규모의 순위는 2006년과 동일하지만 미국의 비중이 16%에서 22%로 급상승한 반면 아시아 지역이 62%에서 55%로 다소 낮아질 것으로 보인다.

최근 모바일 게임에서 주목할 만한 사실은 게임과 SNS(Social Networking Service)를 접목한 '모바게타운' 서비스이다. 모바게타운은 NTT DoCoMo, 소프트뱅크 모바일, KDDI의 3G 가입자일 경우 누구나 사용할 수 있다. 일기 작성, 게시판 사용, 메시지 송수신 등 PC버전의 SNS와 같은 기능에 아바타, Q&A 서비스 및 30종류 이상의 게임을 무료로 즐길 수 있는 특징이 있다. 다시 말해, 무료게임에 관심이 있어 서비스에 가입하면 MMOG나 게임 내 채팅으로 친구를 만들고, 아바타가 첨부된 일기나 게시판으로 커뮤니케이션을 하면서 사용자 기반을 만들어 나가는 방식이다. 현재 일본 젊은층에서 널리 유행하고 있는 '믹시'(Mixi)와 같은 단순한 SNS와는 달리 좀 더 복합적인 네트워킹과 엔터테인먼트 기능을 수행하는 모바게타운은 2006년 2월 런칭 이후 9개월 만에 가입자 200만 명을 돌파하며 믹시의 2배 속도로 성장하고 있다.

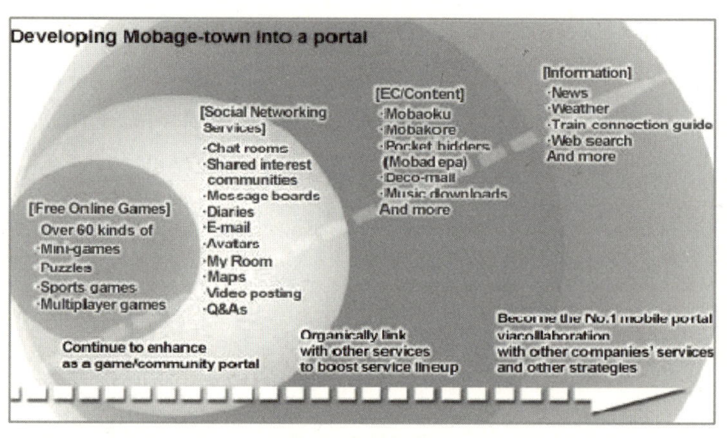

〈그림 11〉 모바게타운 (1)

〈그림 12〉 모바게타운 (2)

아시아 모바일 게임시장은 2006년 기준 일본이 전체 5억 2,200만 달러로 전체 아시아 모바일 게임시장의 절반 이상을 차지하고 있다. 다음으로 중국시장이 3억 1,600만 달러 규모로 한국시장 2억 3,900만 달러를 제치고 일본시장 다음으로 큰 규모를 형성하고 있다.

아시아 주요국의 모바일 게임 이용자의 이용형태를 살펴보면 한 달간 모바일 게임을 접속하여 이용하거나 혹은 다운로드 횟수에서 2G보다는 3G 이용자들이 더 많은 비용을 지출하는 것으로 나타났다. 3G 모바일 게임 이용자들은 2G 이용자들보다 한 달 평균 70% 이상의 비용을 더 지출할 것으로 예측되고 향후 모바일 게임시장 매출액도 세대교체에 따라 상당수 증가할 것으로 전망된다. 모바일 게임 이용자의 한 달 지출 비용은 모바일네트워크 게임 이용자의 경우 월 2.28달러를 지출하였으며, 다운로드 게임의 경우 월 평균 3.56달러를 지출한 것으로 나타났다.

　앞서 살펴보았듯이 모바일 게임은 게임의 기술적 수준이 높아지고 모바일 네트워크 게임과 같이 중(Heavy)이용자를 위한 대작 게임으로 발전해 가고 있다. 이와 동시에 모바일 게임은 순수한 게임 장르를 벗어나 여러 GPS기술과 SNS(Social Networking Service)서비스와 융합되어 가고 있다. 가령, 일본의 모바일 콘텐츠 매출액 중 순수한 모바일 게임의 비중이 상대적으로 축소(DoCoMo, 2005년 전체의 30.8%에서 2006년 23.2% 수준으로 하락)되었다고 하더라도 다른 생활형 콘텐츠나 교육 혹은 정보형 콘텐츠와 함께 확산성은 더욱 증가하고, 그에 따라 새로운 비즈니스 모델의 발굴과 확장이 이루어질 것으로 전망된다.

6. 미국의 게임산업 동향

(1) 개요

  미국은 세계 3대 게임시장 중 가장 큰 비중을 차지하고 있는 지역으로 다양한 게임 생산과 소비가 주도적으로 이루어지고 있다. 미국은 최초로 게임이 개발된 곳이고 최대의 소비시장을 가지고 있는 만큼 세계 게임시장에서의 위치는 양적으로나 질적으로 매우 중요한 위치에 있다.
  미국의 게임시장은 한국의 발전 속도와 같이 급격한 성장보다는 꾸준히 시장 규모가 확대되고 있다. 특히 기존에 강세였던 PC게임과 비디오 게임시장과 더불어 개인용 컴퓨터의 빠른 보급에 힘입어 온라인 게임시장이 점차 성장하고 있으며 미국의 게임시장은 서서히 확대되고 있다.
  미국 게임시장은 2004년 세계시장의 34.4%를 차지하였으며 소규모의 등락을 반복하고 있지만 여전히 세계 게임시장에서 30% 이상을 지속적으로 유지하고 있는 거대시장이다.

〈표 1〉 미국 플랫폼별 게임시장 규모 및 전망 : 2004~2009(단위 : 백만 달러)

구 분		2004	2005	2006	2007	2008	2009
아케이드 게임	매출액	11,000	9,790	10,025	10,356	10,698	11,050
	성장률	–	–11%	2.4%	3.3%	3.3%	3.3%
PC게임	매출액	1,380	1,132	1,014	959	907	858
	성장률	–	–18.0%	–10.4%	–5.4%	–5.4%	–5.4%
비디오게임	매출액	8,201	9,018	12,147	14,905	12,932	10,671
	성장률	–	10.0%	34.7%	22.7%	–13.2%	–17.5%
온라인 게임	매출액	639	907	1,295	1,710	2,589	3,296
	성장률	–	41.9%	42.8%	32.0%	51.4%	27.3%

구 분		2004	2005	2006	2007	2008	2009
모바일 게임	매출액	170	252	570	868	1,198	1,541
	성장률	–	48.2%	126.2%	52.3%	38.0%	28.6%
합계	매출액	21,390	21,099	25,051	28,798	28,324	27,416
	성장률	–	−1.36%	18.7%	15.0%	−1.7%	−3.2%

　미국의 플랫폼별 게임시장 규모는 2006년 기준 비디오게임이 121억 달러로 가장 크고, 아케이드 게임이 100억 달러 정도로 두 번째로 큰 시장이다. 그 뒤를 이어 온라인 게임과 PC게임이 각각 12억 달러와 10억 달러, 모바일 게임 약 6억 달러로 전체 미국 게임시장 규모는 251달러 정도의 시장을 이루고 있으며 향후 2009년에는 2006년 대비 약 9% 증가한 274억 달러 규모에 이를 것으로 예상한다.

(2) 미국 게임시장 플랫폼별 동향

❶ 아케이드 게임

　미국 아케이드 게임시장은 다른 플랫폼에 비해 일정한 수준을 지속적으로 유지하고 있다. 이는 게임시장 변화에 적절히 대응함으로써 고유한 시장 영역을 확보하고 있는 것으로 볼 수 있다. 이는 모바일 게임과 온라인 게임시장의 가파른 상승과 비디오게임의 지속적인 강세 속에서도 이용자의 접근성을 높이면서 가족형 게임센터 형태로 발 빠르게 변화해 나갔기 때문이다.

2007년 미국 아케이드 게임시장은 약 104억 달러의 매출규모가 될 것으로 예상된다. 2005년 다소 큰 폭의 하향세를 그렸으나, 2005년 이후 꾸준히 성장하고 있다. 미국 아케이드 게임의 서비스 형태는 크게 아케이드 전용 게임장, 싱글로케이션, 가족용 게임센터로 구분할 수 있다.

2006년의 경우 아케이드 전용 게임장이 4,000개소, 거리에서 쉽게 이용할 수 있는 이른바 싱글로케이션 형태가 25만 개소, 복합게임센터 형태를 띠는 가족용 게임센터가 약 3,000개소가 있는 것으로 나타났다. 2005년에 가장 많았던 싱글로케이션 형태의 영업이 2006년에 들어서면서 대폭 감소하고, 가족용 게임센터 형태가 50% 정도 증가한 것은 이용자 접근성을 높이는 영업 전략에서 온가족이 함께 즐길 수 있는 게임센터 형태로 미국의 아케이드 시장이 빠르게 변화하고 있다는 것을 보여준다.

<표 2> 미국 아케이드 게임기 설치 대수 현황 : 2004~2006

구 분	2004	2005	2006
아케이드 업소	5,000	5,500	4,000
싱글로케이션	225,000	422,000	250,000
가족용 게임센터	2,000	2,000	3,000
설치게임 수	120만 대	180만 대	130만 대

아케이드 전용 게임장 역시 2005년, 5,500개소에서 2006년 4,000개소로 축소되었는데, 이는 지난 5년 동안 업소 수 중 가장 낮은 수치이다. 반면 게임센터는 3,000개소로 2002년 이후

가장 높은 수치를 기록했다. 비록 싱글로케이션이나 아케이드 전용 게임장의 업소 수는 줄어들었지만 게임센터의 수가 늘었다는 것은 아케이드 게임산업과 다른 엔터테인먼트산업 혹은 외식산업과 다른 엔터테인먼트산업 혹은 외식산업과는 복합화 추세가 반영된 결과이다. 따라서 아케이드 게임산업 서비스업소 수는 줄어들었더라도 업소의 규모가 대형화됨에 따라 오히려 업소당 매출액은 더 상승한 것으로 보인다.

〈표 3〉 미국 아케이드 게임시장의 주요 대상 고객 : 2002~2006

구 분	2002	2003	2004	2005	2006
12세 이상	8%	5%	4%	8%	8%
13~18세	11%	10%	15%	17%	10%
18세이상	41%	42%	37%	31%	32%
전연령(가족 대상)	40%	43%	44%	44%	50%

미국 아케이드 게임 시설의 주요 대상 고객은 2006년 기준으로 50%가량이 전 연령(가족 대상)을 대상으로 하고 있는 것으로 나타났으며, 미국에서 아케이드 게임은 가족 엔터테인먼트로 자리 잡아 가고 있음을 알 수 있다. 다음으로 18세 이상의 성인을 주요 고객으로 하는 게임장이 32%이고, 18세 미만을 고객으로 하는 업소가 전체의 18%인 것으로 나타났다. 따라서 미국 아케이드 게임장은 대부분이 가족을 대상으로 하거나 18세 이상 성인을 대상으로 하는 업소로 영역 구분이 뚜렷하다.

전반적으로 미국 아케이드 게임시장은 가족이 함께 즐기는 형태가 증가하고 있음을 할 수 있다. 2006년 들어서면서 전체 설치게임의 장소와 기기가 감소했음에도 불구하고 아케이드 게임시장 규모가 급격히 감소하지 않고 안정적인 형태로 유지되는 것은 상대적으로 부가가치가 높은 가족단위의 게임센터 중심으로 미국의 아케이드 게임시장이 재편되고 있음을 보여준다.

〈그림 1〉 미국의 가족용 게임센터

❷ PC게임

미국의 PC게임시장은 세계 게임시장에서의 흐름과 동일하게 비디오와 게임과 온라인 게임, 모바일 게임의 급격한 성장세에 밀려 그 규모가 지속적으로 감소하고 있다. PC게임시장 규모 감소 원인은 비디오게임의 급격한 성장, 불법복제 소프트웨어의 범람으로 인한 수익성 악화, 최신 게임을 즐기기 위한 지속적인 PC 업그레이드 비용 발생 때문이다. 또한 요즘 게임시장의 트랜드라고 볼 수 있는 이용자 간 네트워크 플레이를 통한 상호작용이나 커뮤니티 기능에 있어 취약한 점도 PC게임이 시장에서 외면 받는 이유 중 하나라고 할 수 있다.

　PC게임의 시장축소는 비단 미국만의 현상이 아닌 전 세계적인 현상으로 볼 수 있다. 하지만 기존 패키지 판매형식이 아닌 인터넷을 통한 GOD(Game of Demand) 방식으로의 유통구조 변화를 통해 불법복제 문제를 해결하려고 노력하고 있고, 에듀테인먼트, 유아용 게임 등 장르 다변화를 꾀하며 PC게임 역시 새로운 활로를 모색 중에 있다.

〈표 4〉 미국 PC게임시장 규모 및 전망(2004~2009)

	2004	2005	2006	2007	2008	2009
규모(백만 달러)	1,380	1,132	1,014	959	907	858

❸ 비디오게임

〈표 5〉 미국 비디오게임시장 규모 및 전망(2004~2009)

	2004	2005	2006	2007	2008	2009
규모(백만 달러)	8,201	9,018	12,147	14,905	12,932	10,671

　미국의 비디오 게임시장은 아케이드 게임과 더불어 한 축을 담당하고 있는 분야로 매우 큰 비중을 차지하고 있다. 비디오 게임시장 규모를 보면 2004년 이후 성장세를 거듭하여 2007년에 약 150억 달러 규모로 정점을 이루다 이후 소폭 하락세가 예상된다. 2004년과 2005년의

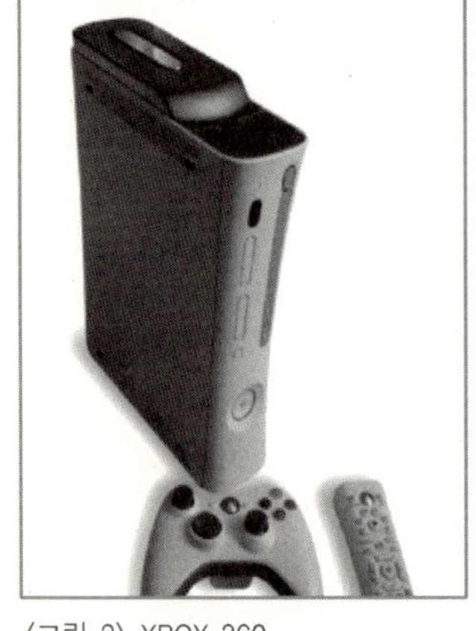

〈그림 2〉 XBOX 360

시장 부진은 기존에 발매되었던 콘솔의 교체세기와 맞물려 하드웨어 및 소프트웨어의 판매가 감소하였기 때문이다.

현재 비디오게임시장에서의 최대 관심사는 차세대 게임기들이 모두 기본적으로 장착한 온라인 네트워크 기능이라고 할 수 있다. 과거 PS2에서는 부가적인 서비스로서의 네트워크 기능을 지원하였으나 부분적인 지원에 그쳤다. 이와는 달리 차세대 게임기는 네트워크 기능을 통하여 이용자 간 네트워크 플레이는 물론 출시 예정 게임데모 및 과거 유명 게임 다운로드 서비스, 온라인 음악 판매, VOD, MOD는 물론 GOD 등의 기능이 추가되어 기존의 단순 게임기에서 홈 엔터테인먼트 서버로 그 성격이 바뀌고 있다. PS3의 경우 HOME이라는 네트워킹 서비스를 준비하고 있으며, XBOX360의 경우 XBOX LIVE를 통해 다양한 기능을 제공하고 있다.

〈표 6〉 주요 비디오게임기 최근 판매량 추이

구 분	2006Q3	2006Q4	2007Q1
PS2	809	2,293	874
XBOX	29	13	2
Wii	–	1,080	1,030
XBOX360	128	309	80
PS3	–	687	501

❹ 온라인 게임

<표 7> 미국 온라인 게임시장 규모 및 전망(2004~2009)

	2004	2005	2006	2007	2008	2009
규모(백만 달러)	639	907	1,295	1,710	2,589	3,296

미국의 온라인 게임시장은 다른 플랫폼의 게임보다 상대적으로 작은 규모이지만 개인용 컴퓨터 및 브로드밴드 확대, 보급 등 제반 인프라 확산을 통해 급속한 성장이 예상되는 분야이다. 2006년 기준 약 13억 달러 정도의 시장 규모를 가지고 있었으나, 지속적으로 상승하고 있는 가정 내 인터넷 보급률 및 개인용 컴퓨터의 보급으로 2009년에서는 33억 달러의 시장으로 확대될 것으로 예상된다.

미국 온라인 게임 이용자를 캐주얼 게이머, 일반 게이머, 하드코어 게이머로 구분해서 살펴보면 향후 캐주얼 게임을 중심으로 이용자 수가 지속적으로 증가할 것으로 예측된다. 2006년 캐주얼 게이머는 5,690만 명으로 전체 온라인 이용자의 약 80%를 점유하고 있으며 일반 온라인 게이머는 1,200만 명, 하드코어 게이머는 220만 명에 달하는 것으로 집계되었다. 매년 이용자 수가 지속적으로 증가하고 있으며 향후 2009년에는 캐주얼 게이머가 6,830만 명, 일반 온라인 게이머가 1,560만 명, 하드코어 게이머가 310만 명에 이를 것으로 예상된다.

❺ 모바일 게임

미국의 모바일 게임시장은 온라인 게임시장처럼 현재는 전체 게임시장에서 차지하는 비중이 미미한 편이나, 그 성장속도가 가장 빠르다. 미국의 모바일 게임시장은 현재 발전단계에 있으나, 향후에는 온라인 게임과 더불어 큰 시장을 형성할 것으로 전망된다.

〈표 8〉 미국 모바일 게임시장 규모 및 전망(2004~2009)

	2004	2005	2006	2007	2008	2009
규모(백만 달러)	170	252	570	868	1,198	1,541

2004년에 1억 7,000만 달러에 불과했던 미국 모바일 게임시장은 2006년에 이르러서는 5억 7,000만 달러에 달하고 있으며 매년 가파른 상승곡선을 그리면서 2008년에는 10억 달러가 넘는 시장으로 성장할 것으로 예상된다.

2006년 기준 전체 모바일 콘텐츠별 이용자 중 가장 높은 비중을 차지하는 것은 이미지 서비스이며, 다음으로 음악, 게임, TV / Video의 순이다. 전체 모바일콘텐츠 서비스 중 모바일 게임을 이용하는 사람의 비중은 13.5% 수준으로 약 1,145만 명 규모에 이르는 것으로 추정된다. 모바일 단말기의 성능이 지속적으로 향상되어 모바일 단말기를 이용한 다양한 콘텐츠가 제공되는 등 과거 유명했던 PC나 콘솔게임을 그대로 이식할 정도로 발전했음을 볼 수 있다. 이미 유명한 게임개발사 및 전통적인 비디오게임 퍼블리셔인 THQ, EA, 디즈니에서도 모바일 게임

사업영역을 계속 확장시켜 자신들의 프랜차이즈 게임이나 과거 유명 게임들을 모바일 단말기용 소프트웨어로 제작하고 있다.

〈표 9〉 주요 국가별 모바일 캐주얼 게임시장 규모 : 2004～2007(단위 : 백만 달러)

구 분	2005	2005	2006	2007
미국	56.4	121.0	167.6	176.6
일본	116.9	127.1	182.4	265.9
한국	60.5	63.5	89.6	128.6
중국	26.1	59.1	122.0	154.2
영국	27.9	50.0	48.9	49.4
독일	21.9	37.8	35.9	33.5

미국 모바일 게임시장 성장의 가장 큰 원동력은 1억 명 이상의 이동통신 가입자 수에 따른 시장의 잠재력이다. 미국시장뿐만 아니라 전 세계적인 추세로 캐주얼 게이머에 대한 관심이 높아지고 있는데, 이는 모바일 게임시장에서도 예외는 아니다.

〈표 10〉 모바일 게임의 투자수익률 비교

	캐주얼 게임	대작 게임
개발 및 품질검증 비용	40,000	125,000
마케팅 비용	10,000	30,000
판매량	50,000	70,000
게임가격	3	5

	캐주얼 게임	대작 게임
매출액	125,000	350,000
순이익	62,500	175,000
이익	12,500	20,000
투자 수익률	25%	13%

　　모바일 캐주얼 게임의 확산은 모바일 게임 개발에도 영향을 미칠 것으로 보인다. 캐주얼 게임은 일반적으로 하드코어 게이머를 위한 대작급 게임에 비해 예산이 적게 소요되지만 낮은 가격으로 판매된다. 따라서 캐주얼 게임은 상대적으로 더 높은 투자수익률(ROI)을 얻을 수 있으며, 이익은 예산 및 제작기간에 반비례 관계를 가지고 있다.

　　미국 모바일 게임시장은 세계적인 모바일 게임시장의 성장과 캐주얼 게임의 확산으로 인한 신규 게임이용자의 유입, 1억 명 이상의 이동전화 가입자를 기반으로 무한한 잠재력을 가진 시장으로서 앞으로도 지속적인 발전이 예상된다.

(3) 미국 게임이용자 동향

　　미국의 엔터테인먼트 소프트웨어협회(ESA)의 2005년 조사 결과에 의하면 컴퓨터 또는 비디오게임을 이용하는 연령대는 18세 이상의 성인이 69%를 차지하고 있는 것으로 나타났다. 이를 통해 게임이용자의 연령이 높아지면서 상대적으로 구매력 있는 이용자가 많아지고 있음을 알 수 있다. 한편 미국 게임이용자 중 남자는 62%, 여자는 38%로 조사되었다.

❶ 아케이드 게임

아케이드 게임의 주 이용자는 과거 개인이용자 위주의 운영보다는 복합엔터테인먼트 센터로서의 운영이 늘어남에 따라 가족이 함께 즐기는 형태가 늘어나게 되었지만 가장 큰 주요 고객은 18세 이하의 청소년이 높은 비율을 차지하고 있다.

주로 인기 있는 아케이드 게임으로는 쥬크박스, 자동차 운전이나 비행기 조종, 댄스게임과 같은 각종 시뮬레이터 체감형게임, 어린이용 자동차 등이 있다.

〈그림 3〉 쥬크박스

〈그림 4〉 자동차 운전 체감형게임

❷ PC게임

〈표 11〉 2006년 인기 PC게임 소프트웨어(최다 판매순)

순위	게임명	제작사	장르
1	World of Warcraft	Vivendi	전략시뮬레이션
2	The Sims	Electronic Arts	시뮬레이션
3	The Sims2 Open For Bushiness Expation Pack	Electronic Arts	시뮬레이션
4	StarWars : Empire At War	LucasArts	전략시뮬레이션
5	The Sims Pets Expantion Pack	Electronic Arts	시뮬레이션
6	Elder Scrolls IV : Ovlivion	Take II Interative	롤플레잉
7	MS age of Empires III	Microsofot	전략시뮬레이션
8	The Sims2 Family Stuff Expantion Pack	Electronic Arts	시뮬레이션
9	Civilization IV	Take II Interative	전략시뮬레이션
10	The Sims2 Nightfire Expantion Pack	Electronic Arts	시뮬레이션

〈표 12〉 미국 PC게임 이용자의 선호 장르

슈팅	14.4%
캐주얼	19.8%
롤플레잉	12.4%
어드벤처	5.8%
전략	30.8%
스포츠	3.7%
액션	4.7%
기타	8.4%

미국 PC게임 이용자의 연령분포를 살펴보면 35세 이상이 44%, 18세 이상 35세 이하가 26%, 18세 이하 이용자가 30%인 것으로 나타났다. 타 플랫폼 게임에 비해 이용자 연령층이 높은 PC게임 이용자는 단순한 게임보다는 사고를 요하거나 현실적인 비주얼을 통해 현실감을 주는 게임을 선호하는 편이다.

❸ 비디오 게임

<표 13> 2006년 인기 비디오게임 소프트웨어(최다 판매순)

순위	게임제명	제작사	장르
1	Madden NFL 07	Electronic Arts	스포츠
2	Cars	THQ	액션
3	Lego StarWars II : Yhe Original Trilogy	Lucas Atrs	액션 RPG
4	NCAA Football 07	Electronic Arts	스포츠
5	New Super Mario Brothers	Nintendo	액션
6	Need for Speed : Most Wanted	Electronic Arts	레이싱
7	Gears of War	Microsoft	1인칭슈팅
8	Call of Duty 3	Activision	1인칭슈팅
9	Lego StarWars	Edios	액션 RPG
10	Fight Night Round 3	Electronic Arts	스포츠

<표 14> 미국 비디오게임 이용자의 선호 장르

액션	30.1%
스포츠	17.3%
레이싱	11.1%
슈팅	8.7%
캐주얼	9.3%
롤플레잉	7.8%
대전액션	4.7%
기타	11%

　미국 비디오 게임 이용자의 연령 분포를 살펴보면 35세 이상이 25%, 18~35세가 35%, 18세 이하가 40%로 나타났다.

　상대적으로 PC게임 이용자에 비해 연령층이 비교적 낮은 비디오게임 이용자들은 스포츠 및 액션 등의 장르를 가장 즐겨하는 것으로 나타났다. 인기 있는 비디오게임 장르는 스포츠 게임과 레이싱 게임 등 가족과 함께 이용하기에 무리가 없는 게임들이 많이 판매되었다.

　온라인 네트워크 서비스가 지원되는 차세대 게임 콘솔의 보급에 따라 비디오게임 이용에도 변화가 있을 것으로 보인다. 가족과 함께 싱글로 즐기던 게임에서 원격으로 타 이용자와 경쟁요소가 더해지면서 상대적으로 관심이 적었던 대전액션, 레이싱 등의 경쟁적 요소가 가미된 게임들의 인기가 예상된다.

또한, 이기종 간 크로스플랫폼으로 네트워크 게임서비스가 운용되면서 PC게임에서 우위를 점하던 시뮬레이션/전략시뮬레이션 게임이나 FPS게임들이 콘솔에서도 주목받을 것으로 예상된다.

❹ 온라인 게임

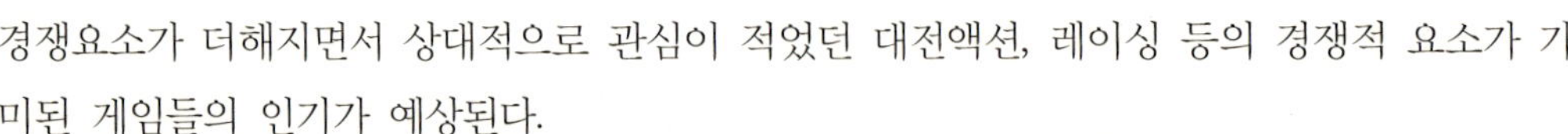

〈표 15〉 네트워크게임 중 상대방과 경쟁 시에 가장 재미있는 게임

보드 / 퍼즐	47%	스포츠	3%
롤플레잉	12%	아케이드	2%
FPS	9%	레이싱	1%
전략게임	8%	교육용	1%
액션 / 어드벤처	4%	기타	3%
시뮬레이션	4%	잘 모르겠다	6%

PARK associate의 보고서에 따르면 온라인 게임이용자의 50% 이상이 적어도 20분은 다른 이용자와 대결하거나 같이 게임을 진행해 나가는 것을 선호하며, 온라인 게임의 이용 빈도가 지속적으로 상승하고 있다. 네트워크 게임을 하면서 다른 이용자와 게임을 이용할 때 가장 선호하는 게임으로는 보드/퍼즐이 47%로 나타났고, 그 다음은 롤플레잉 12%, FPS 9%, 전략게임 8% 순으로 나타났다. 이는 보드나 퍼즐과 같은 캐주얼 게임들이 이용하기 쉽고 게임시간이 그다지 길지 않기 때문인 것으로 보인다.

캐주얼 게임들이 선호되는 상황은 캐주얼 게임을 서비스하는 포털사이트의 이용자 통계를 통해 더 잘 알 수 있는데 일반적으로 '게이머'라고 함은 젊은 남성이 주류를 이룰 것이라는 시각이 강하지만 미국의 대표적인 캐주얼 게임 사이트인 'Pogo'의 86만 명 가입자 중 75%를 여성이용자가 차지하고 있다. 또한 캐주얼 게이머는 상대적으로 나이가 많은 남성들도 선호하고 있다.

MSN 게임 사이트 가입자 중 67%가 35세 이상의 남성들이었다. AOL의 경우에도 사이트 캐주얼 게임을 즐기는 대부분의 이용자는 40세 이상의 여성으로 알려졌다.

온라인 게임 중 타 이용자와의 게임을 진행할 때 가장 재미를 느끼는 장르도 퍼즐/보드게임으로 알려졌다. 이는 짧은 시간 내에 게임의 결과가 결정되고 다른 복잡한 조작이 필요 없는 게임을 통해 상대방과의 경쟁을 즐기는 데 이용자들이 더 가치를 두고 있는 것으로 볼 수 있다.

❺ 모바일 게임

미국 모바일 게임 이용자들은 일반적으로 짧은 시간 내에 간단하게 즐길 수 있는 퍼즐이나 카드게임류를 선호하는 것으로 나타났으며, 남성보다 여성의 빈도가 더 높다. 이는 전 세계적인 게임시장의 경향인 캐주얼 게임의 인기를 반영하는 결과로 보인다.

미국에서 2006년도에 가장 많이 팔린 모바일 게임과 캐주얼 게임들을 살펴보면 일반적으로 게임시간이 길지 않으며, 조작이 쉽고 별도의 숙련과정이 필요치 않은 퍼즐 또는 보드게임류를 선호하는 것으로 나타났다.

　모바일 게임시장에서 캐주얼 게임은 새로운 트렌드라고 볼 수 없지만 여전히 코어게이머들의 구매력은 게임시장에 있어서 중요한 요소이다. 모바일 단말기의 기술적인 발전으로 인해 모바일 게임도 자체적으로 발전하겠지만, PC게임과 비디오게임에 많이 노출된 이용자를 위해 콘솔게임이나 PC게임을 모바일로 이식함으로써 이용자에게 익숙한 게임이 앞으로 많이 등장할 것으로 예상된다.

〈표 1〉 모바일 게임 판매순위 : 2006

순 위	제 명	제작사	장 르	점유율
1	Tetris	JAMDAT	퍼즐	70.9%
2	Chess 2.0	Penultimate	보드	6.3%
3	Jeopardy	Sony Pictures	퍼즐	6.2%
4	Bejewled	JADAT	퍼즐	5.0%
5	Zuma	Glu mobole	퍼즐	3.2%

7. 유럽 게임산업 동향

(1) 개요

유럽은 EU 25개국을 포함한 인구가 약 4억 5,700만 명에 달하는 큰 시장이다. 게임시장이 활성화된 국가로는 독일(8,250만 명), 프랑스(6,020만 명), 영국(5,970만 명)이 있고, 이외에도 인구 면에서 이탈리아(5,790만 명), 스페인(4,230만 명), 폴란드(3,820만 명) 등이 비교적 큰 시장이다.

〈표 2〉 유럽 플랫폼별 게임시장 규모 및 전망 : 2004~2009(단위 : 백만 달러)

구 분		2004	2005	2006	2007	2008	2009
아케이드 게임	매출액	10,016	10,455	10,737	11,027	11,325	11,631
	성장률	–	4.4%	2.7%	2.7%	2.7%	2.7%
PC게임	매출액	1,700	1,543	1,370	1,283	1,202	1,126
	성장률	–	9.2%	−11.2%	−6.4%	−6.3%	−6.3%
비디오게임	매출액	6,941	6,539	9,349	12,730	11,090	9,298
	성장률	–	−5.8%	43.0%	36.2%	−12.9%	−16.2%
온라인 게임	매출액	197	365	651	883	1,646	2,021
	성장률	–	85.3%	78.4%	35.6%	86.4%	22.8%
모바일 게임	매출액	497	520	761	1,037	1,323	1,668
	성장률	–	4.6%	46.3%	36.3%	27.6%	26.1%
합계	매출액	19,351	19,422	22,868	26,960	26,586	25,744
	성장률	–	0.4%	17.7%	17.9%	−1.4%	−3.2%

2006년 기준 유럽 게임시장 규모는 229억 달러 규모를 형성하며, 전년 대비 17.7%의 성장률을 기록하고 있다. 2007년은 비디오게임의 지속적인 상승과 함께 전년에 비해 17.9%의 성장률을 기록할 것으로 전망되며, 향후 2009년에는 온라인과 모바일 게임의 지속적인 성장에도 불구하고 비디오게임시장의 축소로 전체적인 시장 규모는 소폭의 축소가 예상된다.

(2) 유럽 게임시장 플랫폼별 동향

❶ 비디오 게임

2006년 유럽 비디오게임시장의 가장 큰 특징은 PS2로 시장을 주도해 왔던 소니가 Wii나 XBOX의 도전에 흔들리는 모습을 보이고 있다는 점이다. 게다가 PS3로 유럽시장 장악을 노리는 소니의 정책이 유럽 게임이용자들에게 긍정적이지만은 않다는 점이다. 또한 타 지역에서는 활발히 논의되고 있는 콘솔 네트워크도 유럽의 네트워크 환경 및 언어 장벽을 감안하면 예상만큼 커지지 않을 수도 있다.

그러나 소니가 결국 유럽 게임시장을 다시 주도할 가능성도 높다. 소니의 PS3 출시 연기 이유가 단순히 물량부족이고 현재 다양한 게임타이틀이 개발 중이어서 소니의 PS3가 향후 대세를 이룰 것이란 전망도 나오고 있다.

비디오 게임기 업체들 간의 경쟁이 결국에는 시장에서 선순환을 이룰 것이라는 전망도 나오고 있다. PS3의 출시 연기와 Wii의 물량 부족에 영향을 받았다고는 하지만 XBOX360이 예상 외의 호조를 보이고 있으며 'Halo 2' 및 'Gears of War' 등 XBOX 라이브게임들이 지속적으로 성장하고 있다.

또한 Wii에 대한 써드파티들의 참여가 급증하고 Wii를 통한 게임의 대중화 전략이 시장에서 좋은 반응을 일으키면서 소니와 MS의 양강 체제를 무너뜨리고 있는 것은 게임개발사, 게임이용자, 그리고 게임산업 전체에 긍정적인 효과를 가져다 줄 것이다.

〈그림 1〉 HALO 2

〈그림 2〉 GEARS of WAR

❷ 온라인 게임

유럽 온라인 게임시장은 브로드밴드 가입자를 1,000만 명 이상을 보유한 영국, 프랑스, 독일이 주도하고 있다. 그러나 100명당 브로드밴드 가입자 순위를 살펴보면 MMOG게임 개발이 활발한 북유럽 국가들이 10위권에 5개국이나 차지하고 있고, 이들 국가에서 온라인 게임 이용률이 높을 뿐만 아니라 온라인 게임 개발에서도 주요한 역할을 담당하고 있기 때문에 향후 북유럽시장의 높은 성장이 예상된다.

〈표 3〉 유럽 국가별 MMOG 시장 규모 및 전망 : 2004~2011(단위 : 천 달러)

		2004	2005	2006	2007	2008	2009	2010	2011	5년 평균 성장률
유럽	영국	15,702	44,145	59,584	74,322	89,173	101,791	112,477	121,542	15.3%
	독일	22,579	66,411	92,959	116,695	139,106	157,442	172,495	184,700	14.7%
	프랑스	9,375	27,926	40,123	51,213	62,008	71,151	79,002	82,701	16.4%
	스페인	3,378	10,686	17,565	22,453	26,984	30,631	33,726	36,396	15.7%
	이탈리아	4,695	13,834	19,604	25,150	30,410	34,8090	38,114	40,866	15.8%
	기타	18,072	51,194	69,033	85,067	101,114	114,409	125,483	134,524	14.3%
	합계	73,801	214,196	298,868	374,900	448,785	510,233	561,297	600,729	

유럽 MMOG 시장 규모를 살펴보면 2006년은 약 2억 9,900만 달러 규모로 나타났고 2011년에서는 대략 6억 달러 이상의 시장으로 성장하리라 예상된다. 2006년 기준으로 유럽 MMOG 시장은 독일이 약 9,300만 달러로 규모가 가장 크고 다음으로 영국, 프랑스의 순으로 나타났다.

❸ 모바일 게임시장

유럽 모바일 게임시장은 SMS게임, WAP게임, 다운로드 게임 등 여러 게임의 이용형태 중에서 다운로드 게임이 주된 플랫폼으로 자리 잡았다. 현재 WAP게임은 거의 이용되지 않으며, SMS게임의 경우 시장은 일부 형성되어 있지만, 시장 규모와 성장 가능성에 한계가 있다.

〈표 4〉 유럽 모바일 게임시장 규모 전망(리서치 기관별) : 2004~2009(단위 : 백만 달러)

구 분		2004	2005	2006	2007	2008	2009
ScreenDigest	매출액	497	520	761	1,037	1,323	1,668
	성장률	–	4.6%	46.3%	36.3%	27.6%	26.1%
OECD(2005)	매출액	408	996	1,935	2,835	3,945	–
	성장률	–	144.1%	94.3%	46.5%	39.2%	–
Infoma(2005)	매출액	607	672	1,131	,1679	2,266	2,831
	성장률	–	10.7%	68.3%	48.5%	35.0%	34.9%
Berg Insight (2006)	매출액	954	2,034	3,195	4,302	5,562	6,516
	성장률	–	113.2%	57.1%	34.6%	29.3%	17.2%

영국의 시장 조사기관인 ScreenDigest(2006)에 따르면 유럽 모바일 게임산업은 2006년 기준 약 7억 6,100만 달러 규모의 시장을 형성하고 있으며, 2009년에는 약 16억 6,800만 달러로 2006년의 2배 이상 성장할 것으로 전망된다.

최근 유럽에서 모바일 게임에 대한 관심은 매우 높은 편이며 유럽 퍼블리셔의 경우 미국과 아시아 지역 진출을 가속화하고 있다. 특히 Vodafone의 경우 게임산업을 글로벌 사업부서에

서 각 지역으로 사업을 이관하는 등 발 빠르게 움직이고 있다.

유럽 모바일 게임시장에서 나타나고 있는 특징으로는 오리지널 IP게임 개발 경향이다. 메이저 퍼블리셔가 영화, TV 프로그램, 스포츠, 타 플랫폼 게임 등을 통해 프랜차이즈게임 또는 브랜드게임을 강화하려는 노력을 기울이고 있다. 유럽 모바일 게임업계가 기존시장 이외에 동유럽 지역이나 미국 및 아시아 지역으로 활발히 진출하고 있는 점 또한 눈에 띈다.

8. 일본 게임산업 동향

(1) 개요

일본은 전통적인 게임산업 강국으로서 과거부터 현재까지 아케이드 게임과 비디오 콘솔게임을 중심으로 세계 게임시장 중 아시아 최대 시장인 동시에 게임 수출국으로서 세계 게임시장에서 중요한 비중을 차지하고 있다.

전통적으로 아케이드 게임과 비디오게임이 강세인 일본 게임시장 규모를 살펴보면 2006년에는 세계 게임시장의 21.7% 규모를 차지하였으며 지속적으로 세계 게임시장의 한 축을 담당하게 될 것으로 예상된다.

〈표 1〉 세계 게임시장 내 일본 게임시장의 플랫폼별 비중 추이 : 2004~2009

	2004	2005	2006	2007	2008	2009
아케이드 게임	23.0	22.1	25.1	25.9	26.3	26.7
PC게임	5.3	5.6	5.6	5.4	5.3	5.3
비디오게임	22.9	22.5	23.7	21.2	22.1	22.9
온라인 게임	5.1	3.5	3.2	2.9	2.5	2.5
모바일 게임	19.9	19.2	15.0	12.3	10.4	8.7

플랫폼별 현황을 살펴보면 아케이드 게임과 비디오게임시장이 2006년을 기준으로 각각 세계시장에서 25.1%, 23.7%를 차지하고 있으며, 아케이드 게임의 경우 지속적인 성장세를 거듭하여 2009년에는 26.7%의 점유율을 기록할 것으로 보인다. 일본 게임시장의 특성상 PC/온라인 게임 및 모바일 게임은 상대적으로 규모가 크지 않은 것으로 보인다.

〈표 2〉 일본 플랫폼별 게임시장 규모 및 성장률 : 2004~2009(단위 : 백만 달러)

구 분		2004	2005	2006	2007	2008	2009
아케이드 게임	매출액	7,468	7,750	8,200	8,667	9,169	9,673
	성장률	–	3.8%	5.8%	5.7%	5.8%	5.5%
PC게임	매출액	219	203	182	164	151	140
	성장률	–	7.3%	−10.3%	−9.9%	−7.9%	−7.3%
비디오게임	매출액	4,809	4,830	7,138	7,924	7,391	6,497
	성장률	–	0.4%	47.8%	11.0%	−4.7%	−12.1%
온라인 게임	매출액	138	133	163	186	216	254
	성장률	–	−3.6%	22.6%	14.1%	16.1%	17.6%
모바일 게임	매출액	362	449	522	576	617	617
	성장률	–	24.0%	16.3%	10.3%	7.1%	0.0%
합계	매출액	12,996	13,365	16,205	17,517	17,544	17,181
	성장률	–	2.8%	21.2%	8.1%	0.2%	−2.1%

일본의 게임시장 규모는 2006년 기준 약 162억 달러 정도의 시장을 형성하고 있으며 아케이드 게임이 82억 달러로 가장 큰 시장을 형성하고 있다. 비디오게임이 약 71억 달러로 두 번째 규모를 나타내고 있으며 모바일 게임, PC게임 및 온라인 게임이 각각 5억 2,200만 달러, 1억 8,200만 달러, 1억 6,300만 달러 규모로 시장을 형성하고 있다. 이후 전체 게임시장은 완만한 성장세를 보일 것으로 예상되며 2009년도에는 2006년 대비 약 6% 정도 성장한 약 172억 달러 규모로 성장할 것으로 전망된다.

(2) 게임 플랫폼별 동향

❶ 아케이드 게임

일본 아케이드 게임시장 매출액은 AM(Amusement Machine) 판매액과 게임업소 운영수익으로 구성되는데, 일본의 아케이드 게임시장은 지속적으로 축소되어 오다가 2005년부터 경기 회복과 더불어 규모가 조금씩 확대되고 있다. 향후 세계 아케이드 게임시장의 회복 및 일본 경제의 회복에 힘입어 일본 아케이드 게임시장도 지속적으로 성장세를 유지할 것으로 예상된다.

2005년 기준 일본의 아케이드 게임기(AM기) 제품 판매액은 일본 내수용이 1,886억 엔, 해외 수출용이 106억 엔으로 총 1,992억 엔의 규모를 형성하고 있다. 2001년 이후 일본 내수용 게임기 매출은 지속적으로 성장하며 2005년 최고액을 기록한 반면, 해외 수출액은 9년 연속 감소하고 있는 것으로 나타났다.

〈표 3〉 일본 아케이드 게임장 매출 현황 : 2000~2005(단위 : 백만 엔)

구 분	2000	2001	2002	2003	2004	2005
일반업소 매출액	416,623	413,240	432,830	462,169	485,234	495,473
성인업소 매출액	179,780	177,054	172,691	175,575	163,990	186,458
합 계	596,403	590,294	605,521	637,744	649,224	682,458

2005년 게임장 매출액은 6,825억 엔으로 지속적인 증가 추세를 보였다. 일본 아케이드 게임업소의 이용 대상자별 매출액을 살펴보면 성인업소 매출액이 일반업소 매출액의 절반에도 미치지 못하는 것으로 나타났다.

<표 4> 일본 아케이드 게임장 점포수 : 2000~2005(단위 : 개소)

구 분		2000	2001	2002	2003	2004	2005
전체	점포수	33,508	31,600	28,355	26,359	25,044	23,901
운영 형태별	직영점포	11,040	11,017	10,176	9,339	9,280	8,679
	임대점포	22,468	20,583	18,179	17,020	15,764	15,222
이용 대상별	일반업소	13,734	12,742	11,499	10,759	10,109	9,515
	성인업소	19,774	18,858	16,856	15,600	14,935	14,386

❷ PC게임

세계적으로 PC게임시장은 비디오게임의 급성장과 온라인 게임의 대두, 불법복제 만연으로 점차 그 규모가 감소되고 있다. 일본도 비디오게임시장이 활성화되어 있기 때문에 PC게임이 성장하기에 적합한 시장 규모를 갖추지 못하고 있다. 이로 인해 시장 규모는 완만하게 축소될 것으로 보인다.

<표 5> 일본 및 세계 PC게임시장 규모 및 전망(단위 : 백만 달러)

구 분	2004	2005	2006	2007	2008	2009
일본 PC게임시장	4,122	3,639	3,251	3,042	2,847	2,664
세계 PC게임시장	213	203	180	164	151	140

일본의 PC게임시장 규모는 2006년 1억 8,000만 달러 규모였으나, 하락세가 계속되면서 2009년에는 2006년 대비 20% 이상 감소한 1억 4,000만 달러 수준까지 시장 규모가 축소될 것으로 예상된다.

일본 PC게임시장의 특화된 PC게임분야는 전체연령을 대상으로 한 기출시 된 콘솔게임의 PC버전과 아동을 위한 교육용 게임, 그리고 해외에서 수입된 히트게임들이다. 또한 일본만의 독특한 현상으로 성인용 게임물(미소녀게임물)이 특화되어 있는데 하드코어유저층을 중심으로 고정적인 수요시장이 형성되어 있다.

대부분 PC용으로 발매되고 있는 성인용 게임물은 만화나 애니메이션 스타일의 평면적인 2D CG를 이용한 정지화상이 주류를 이루고 있는데 3D CG를 이용

〈그림 1〉 미소녀게임 푸른 윤회

한 동영상 표현이 주류인 일본에서도 독특한 영역이라 할 수 있다.

최근 PC게임에서 성인용 게임물이 다시 주목받는 이유는 연애, 어드벤처, 학원물은 거의 포화상태에 이르렀기 때문이다. PC게임 개발업체인 TYPE-MOON이 출시한 Fate / Stay Night는 발매한 해에 14만 장, 2006년에는 누계 20만 장에 달하는 판매량을 기록하였다.

❸ 비디오 게임

〈표 6〉 일본 비디오게임시장 규모 및 전망(단위 : 백만 달러)

구 분	2004	2005	2006	2007	2008	2009
일본 비디오게임규모	4,809	4,830	7,138	7,924	7,391	6,497

일본의 비디오게임시장은 2004년에는 약 48억 달러 규모였으나 2004년 말 발매된 휴대용 콘솔인 소니 PSP와 닌텐도사의 닌텐도 DS 발매로 인해 하드웨어와 소프트웨어 판매가 활성화되면서 2006년을 기점으로 전년 대비 약 48% 성장을 기록하여 71억 달러의 시장으로 성장하였다. 그러나 2007년을 정점으로 다시 시장 규모가 하락하여 2009년에서는 2006년 대비 약 9% 하락한 65억 달러 정도의 규모로 축소될 것으로 예상된다.

〈표 7〉 연도별 비디오게임 하드웨어(콘솔) 판매량 추이 : 2002~2006(단위 : 대수)

구 분	2002	2003	2004	2005	2006
거치형	5,278,962	4,010,371	3,339,076	2,534,819	3,302,172
휴대용	3,696,035	3,670,833	4,013,775	7,483,681	11,243,216

2007년 이후의 시장 하락은 2004년 발매된 휴대용 콘솔들의 교체시기가 도래하여 하드웨어 및 소프트웨어의 판매가 둔화될 것이고 2000년대 초에 발매된 거치형 콘솔게임기들이(PS, PS2, XBOX 등) 주로 2006년에서 2008년에 걸쳐 차세대 게임기로 교체가 완료되기 때문이다.

〈표 8〉 콘솔 누적 판매 대수(2006)

하드웨어명	제작사명	발매일	추정 누계 판매 대수(대)
PS2	소니컴퓨터 엔터테인먼트	2000년 3월 4일	20,250,719
PS3	소니컴퓨터 엔터테인먼트	2006년 1월 11일	466,716
GAME CUBE	닌텐도	2001년 9월 14일	4,003,033
Wii	닌텐도	2006년 12월 2일	290,467
XBOX360	마이크로소프트	2005년 12월 10일	4,512,654
PSP	소니컴퓨터 엔터테인먼트	2004년 12월 12일	6,435,732
NDS	닌텐도	2004년 12월 2일	7,526,038
NDS lite	닌텐도	2006년 3월 2일	

❹ 온라인 게임

세계적으로 온라인 게임이 급속도로 팽창하는 데 반해서 일본의 온라인 게임시장은 완만하게 상승하고 있다. 2006년 기준 온라인 게임시장 규모는 PC게임과 비슷한 정도의 규모이며, 아케이드를 비롯한 5개의 플랫폼 중 가장 규모가 작다. 이는 브로드밴드 환경의 보급이나, PC의 보급과 같은 제반 인프라 문제도 어느 정도 작용하고 있으나, 이용자에 대한 홍보나 노출이 잘 이루어지지 않았던 부분도 있다.

〈표 9〉 일본 및 세계 온라인 게임시장 규모(단위 : 백만 달러)

구 분	2004	2005	2006	2007	2008	2009
일본 온라인 게임시장	138	133	163	286	216	254
세계 온라인 게임시장	2,713	3,775	5,103	6,470	8,634	10,156

온라인 네트워크 게임에 대한 인지도 또한 부족하다. 2006년부터 온라인 시장은 14~17%씩 지속적으로 성장하여 향후 2009년에는 2006년 대비 56% 상승을 통해 254백만 달러 규모의 시장으로 발전할 것으로 예측된다.

일본 CESA에 따르면, 온라인 게임을 PC기반 온라인 게임과 콘솔기반 온라인 게임을 총칭했을 때 2006년 시장 규모는 163만 달러로 추산하였다. 2004년도 당시 일본 온라인 게임시장 규모는 138백만 달러로 집계되었다. 이후 2005년에는 133백만 달러로 집계되었던 것과 비교하면 2006년에는 22.5% 성장한 규모를 나타내고 있으며 이후 완만한 성장세를 유지할 것으로 보인다.

〈표 10〉 일본 유료 온라인 게임 인구 추정 : 2006

구 분	전 체		남 성		여 성	
	인구수(만 명)	구성비(%)	인구수(만 명)	구성비(%)	인구수(만 명)	구성비(%)
전체	66	100.0	57	86.4	9	13.6
3~9세	0	0.0	0	0.0	0	0.0
10~14세	0	0.0	0	0.0	0	0.0
15~19세	0	0.0	0	0.0	0	0.0
20~24세	0	13.1	9	13.1	0	0.0
25~29세	38	57.6	29	44.0	9	13.6
30~34세	0	0.0	0	0.0	0	0.0
35~39세	0	13.1	9	13.1	0	0.0
40~49세	11	16.1	11	16.1	0	0.0
50~59세	0	0.0	0	0.0	0	0.0

구 분	전 체		남 성		여 성	
	인구수(만 명)	구성비(%)	인구수(만 명)	구성비(%)	인구수(만 명)	구성비(%)
60~69세	0	0.0	0	0.0	0	0.0
70~79세	0	0.0	0	0.0	0	0.0

일본의 온라인 게임 인구는 약 66만 명에 이르며 이때 2006년 월 평균 이용금액이 2,625엔이라는 수치로부터 2006년 유료 온라인 게임 매출규모는 약 207억 엔 수준에 이를 것으로 추정된다.

일본에서는 2005년 현재 약 211개의 타이틀이 네트워크 서비스되고 있으며, 이 수치는 PC와 콘솔, 온라인 서비스를 모두 포함한 수치이다. 게임콘텐츠 제공 방법에서는 온라인 다운로드와 패키지 방식이 병행하여 서비스 되고 있고, 과금방식의 경우에도 유료서비스와 정액서비스, 그리고 2004년 후반부터 한국과 같은 부분유료화 방식의 서비스가 도입되고 있다.

❺ 모바일 게임

〈표 11〉 일본 및 세계 모바일 게임시장 규모(단위 : 백만 달러)

구 분	2004	2005	2006	2007	2008	2009
일본 모바일 게임시장	32	449	522	576	617	617
세계 모바일 게임시장	1,817	2,338	3,474	4,688	5,923	7,125

일본의 모바일 게임시장은 2004년 세계 모바일 게임시장의 약 20%의 점유율을 보이고 있었

으나, 미국과 유럽의 모바일 게임시장 성장으로 향후 점유율은 상대적으로 줄어들 것으로 보인다. 2006년 기준 일본의 모바일 게임시장 규모는 약 522억 달러로 향후 지속적으로 성장하여 2009년에는 2006년 대비 약 18% 성장한 617백만 달러 정도의 규모를 형성할 것으로 예상된다.

일본의 경우 모바일 단말기 이용에 있어서 게임의 비중이 상대적으로 다른 지역권에 비해 낮은 편으로 모바일 인터넷 또는 기타 문화콘텐츠의 이용이 두드러지는 특징을 가지고 있다. 콘텐츠의 다양화와 고급화에 따라 단말기의 멀티미디어 능력이 향상되고 3G서비스의 시행으로 인해 네트워크가 지원되는 고용량 고품질의 게임 제공이 용이해지는 제반 환경이 조성되어 있다는 점과 모바일 게임에 대한 관심과 이용의사가 휴대폰을 보유하고 있지 않은 연령대에서 더 높아 향후 일본의 모바일 게임시장의 발전 가능성을 엿볼 수 있다.

(3) 일본 게임이용자 동향

〈표 12〉 성별 / 연령별 게임이용률

구 분	게임이용률	구 분	게임이용률
전체	43.4	25~29세	57.6
남성	48.0	30~34세	51.8
여성	39.0	35~39세	55.7
3~9세	74.3	40~49세	43.3
10~14세	90.7	50~59세	19.8
15~19세	68.8	60~69세	16.2
20~24세	71.2	70~79세	13.9

일본의 총 인구는 2006년 10월 1일 현재 1억 2,776만 명으로 성별로는 남성이 48.8%(6,223만 명), 여성이 51.2%(5,544만 명)로 여성의 비율이 높은 편이다.

전체 조사대상자의 43.3%가 적어도 한 가지 이상의 게임을 이용하고 있는 것으로 나타났다. 성별로 살펴보면 남성은 48.0%, 여성이 39.0%로 남성의 게임이용비율이 상대적으로 높은 것으로 나타났다.

게임 이용 여부를 연령별로 구분해보면 10~14세가 90.7%로 가장 게임이용률이 높은 것으로 나타났으며, 10~30대의 경우 평균적으로 응답자의 절반 이상이 게임을 이용하고 있으며, 40~50대의 고연령층의 게임이용률은 상대적으로 저조하였다.

❶ 아케이드 게임

〈표 13〉 아케이드 게임 이용자 연령대별 현황

구 분	이용률	구 분	이용률
10세 이상	21.1%	21~30세	21.5%
11~15세	17.6%	31~40세	16.7%
16~17세	7.2%	41세 이상	8.5%
18~20세	12.9%	무응답	3.5%

현재 아케이드 게임을 이용하는 경우는 조사대상자의 15.1%였으며 28.5%는 이전에는 많이 했지만 지금은 거의 하지 않았음, 한 번도 아케이드 게임을 접해 본 경험이 없는 경우는 20.8%에 불과했다. 아케이드 게임의 경우에는 게임을 접해 본 경험은 75% 이상으로 비교적

으로 높지만 그에 비해 현재 이용하고 있는 비율은 낮다고 할 수 있다.

아케이드 게임업소를 이용하는 이용자의 성별구분은 여성이 45.3%, 남성이 54.7%로 비교적 남성이 더 많이 아케이드업소를 이용하는 것으로 나타났다. 이용자의 연령비에 있어서도 10세부터 41세 이상까지 다양한 연령대의 이용자가 이용하는 것으로 나타났다.

❷ PC게임

이용자 조사 결과 현재 PC게임을 즐기고 있는 비율은 13.9%, 이전에는 자주 즐겼으나 지금은 안하는 경우 19.2%, 1~2번 해본 적 있다는 비율이 29.6%, 해본 적이 없는 경우가 36.5%로 나타났다.

〈표 14〉 PC게임 전체인구 추계 연령별 비중(단위 : %)

구 분	현 참가자	휴면고객	신규 기대고객	비수용층	고객 분류 불명
3~9세	10.0	9.7	11.4	4.6	0.0
10~14세	12.2	3.9	8.5	2.9	0.0
15~19세	5.5	9.7	7.3	4.1	0.0
20~24세	8.9	8.7	8.8	4.4	0.0
25~29세	6.3	15.0	6.4	5.1	14.4
30~34세	2.8	15.7	14.6	6.3	0.0
35~39세	5.1	9.1	8.1	8.2	6.0
40~49세	15.2	12.9	12.3	13.1	16.0
50~59세	18.6	11.0	15.2	17.3	8.8
60~69세	8.3	2.9	4.6	19.1	16.8
70~79세	7.0	1.5	2.6	14.9	38.0

PC게임의 이용자 현황은 현 참가자가 13.8%, 휴면고객이 1.9%, 신규 기대고객은 14.8%, 비수용층은 58.4%로 신규 기대고객의 비율이 타 플랫폼에 비해 높아 시장 확장가능성의 여지가 있는 것으로 보이며 이용고객의 연령별 분류를 살펴보면 현 참가자 중 10~14세 남성, 20~24세 남성의 비중이 가장 높았다.

PC게임 이용인구를 추산해보면 1억 1,785만 명의 일본 전체인구 중 1,632만 명이 PC게임을 이용하는 것으로 나타났으며 연령별로는 전체인구 대비 10대의 비중이 가장 높은 것으로 나타났다.

❸ 비디오게임

이용자 조사 결과 현재 비디오게임을 즐기고 있는 비율은 28.4%, 이전에는 자주 즐겼으나 지금은 안하는 경우가 23.2%, 1~2번 해본 적이 있다는 비율이 15.5%, 해본 적이 없는 경우가 29.0%로 나타났다. 다른 플랫폼에 비해 현재 이용률이 높은 것이 특징이다.

게임을 함께 하는 사람을 조사한 결과 53.9%가 '주로 혼자서 게임을 한다'고 답했고, 그 다음으로 '가족과 함께 한다'는 응답이 37.3%였다. '친구와 한다'는 응답은 7.8%로 비교적 낮은 응답률을 나타냈으며 혼자 게임을 즐기는 비중이 가장 높은 연령 집단은 15~24세 남성이었다.

2006년 기준으로 비디오게임 소프트웨어 구입의 경우 기기별 소프트웨어 구입률이 대부분 80%를 넘는 것으로 나타났다. 비디오게임 소프트웨어를 구입한 달을 보면 12월이 54.7%로 가장 소프트웨어 구매가 활성화되는 시기라 할 수 있다.

❹ 온라인 게임

조사대상 응답자 중 54.7%가 온라인 게임을 알고 있는 것으로 나타났다. 여성 응답자 중의 46.2%가 온라인 게임을 알고 있었고, 남성 응답자 중의 63.8%가 온라인 게임을 안다고 하였다. 여성 중 25~29세의 77.3%가 가장 높은 비율이었으며, 15~19세의 71.9%, 35~39세의 66.1%가 온라인 게임을 알고 있다고 응답하였다. 남성 중에서는 25~29세의 96.4%, 20~24세의 95.3%, 30~34세의 90.3%가 온라인 게임을 알고 있다고 응답하여 남성 중에서 온라인 게임을 인지하고 있는 사람의 비율이 높은 것으로 나타났다.

〈표 15〉 온라인 게임 전체인구 추계 연령별 비중(단위 : %)

구 분	일본 전체인구	현 참가자	유료 네트워크 게임 이용자	휴면고객	신규 기대고객	비수용층	고객 분류 불명
3~9세	6.9	11.4	0.0	4.2	6.9	6.8	7.4
10~14세	5.1	18.2	0.0	12.8	10.6	3.5	2.4
15~19세	5.4	7.5	0.0	23.3	7.8	4.6	2.1
20~24세	6.2	11.3	13.1	14.4	13.8	4.6	1.8
25~29세	6.8	13.6	57.6	23.4	8.8	5.9	1.8
30~34세	8.2	3.8	0.0	0.0	16.0	7.6	3.0
35~39세	7.8	6.3	13.1	9.9	9.5	7.7	6.1
40~49세	13.3	14.8	16.1	7.5	11.5	138	10.7
50~59세	16.3	5.6	0.0	4.4	8.9	18.3	18.6
60~69세	13.4	4.9	0.0	0.0	4.0	15.7	14.6
70~79세	10.6	2.7	0.0	0.0	2.2	11.5	31.5

　　현재 온라인 게임 이용여부와 향후 이용의사를 토대로 온라인 게임 이용고객을 분류해 보면 신규 기대고객이 12.8%로 나타났고, 온라인 게임에 대해 전혀 알지 못하고 관심조차 없는 비수용층의 비중이 77.3%로 나타나 게임의 형식에 대한 홍보나 마케팅이 일본의 온라인 게임시장 개척에 있어서 중요한 요소로 작용될 것으로 보인다.

　　이용고객의 연령별 특성을 살펴보면 신규 기대고객의 높은 비중을 차지하는 층이 남성 10~14세, 20~24세, 30~34세로 비디오게임이 주 이용층이라고 볼 수 있는데, 컴퓨터 및 비디오게임에 익숙한 대상을 상대로 온라인 게임 홍보의 집중화가 요구된다.

❺ 모바일 게임

　　모바일 게임의 향후 이용의사를 설문한 결과 3.4%만이 적극적으로 이용해 보겠다라고 응답했고 24.2%가 재미있는 소프트웨어가 있으면 이용하겠다고 응답했다. 그다지 이용해보고 싶지 않다는 응답과 전혀 해 볼 생각이 없다는 응답을 합해 72.2%가 향후 이용의사가 없는 것으로 응답했다.

〈표 16〉 모바일 게임 인구 추계 연령별 비중(단위 : %)

구 분	현 참가자	휴면고객	신규 기대고객	비수용층	고객 분류 불명
3~9세	5.5	7.8	11.2	6.4	7.6
10~14세	4.2	2.8	15.1	3.5	11.4
15~19세	10.1	14.1	11.2	3.3	0.0
20~24세	22.4	11.3	6.8	3.3	0.0

구 분	현 참가자	휴면고객	신규 기대고객	비수용층	고객 분류 불명
25~29세	19.1	15.8	7.8	3.9	4.9
30~34세	8.2	23.3	9.5	6.8	3.3
35~39세	10.0	12.7	8.6	6.9	8.1
40~49세	15.1	9.4	13.9	13.0	17.5
50~59세	4.4	2.9	8.1	20.8	16.5
60~69세	0.0	0.0	4.1	18.8	6.5
70~79세	0.9	0.0	3.8	13.4	24.0

　　이러한 이용 여부와 향후 이용의사를 토대로 모바일 게임 고객 분류를 해 본 결과 전체 조사 대상자 중 11.0%가 현 이용자, 6.5%가 휴면이용자, 10.6%가 잠재이용자, 67.9%가 비수용층으로 나타났다. 아직까지 모바일 게임을 접해 본 경험이 있는 층이 적은 것을 고려하면 향후 모바일 게임분야의 시장 확장 가능성을 크다고 볼 수 있다. 특히 연령별로 현재 휴대전화를 가지지 않는 비중이 큰 3~9세, 10~14세의 비중이 높고 모바일 게임을 비교적 많이 이용한 연령층이 15~19세임을 감안하면 장기적으로 10대 초반의 청소년이 휴대전화를 보유할 시기에 이용자가 늘어날 가능성이 높다고 볼 수 있다. 현재 모바일 게임을 가장 많이 이용하는 연령층은 남성 20~24세인 것으로 나타났다.

9. 중국 게임산업

(1) 개요

　중국 게임시장은 PC게임과 비디오게임에서 불법복제와 같은 잘못된 유통관행으로 인해 실제 시장 규모 예측이 어렵고 시장 진입 또한 힘든 실정이었다. 그러나 지난 몇 년간 온라인 게임의 급속한 성장과 함께 새로운 비즈니스 모델의 확립으로 새롭게 급부상하는 시장으로 주목받기 시작했다.

<표 17> 중국 플랫폼별 게임시장 규모 : 2001~2005(단위 : 백만 달러)

구 분		2001	2002	2003	2004	2005
PC게임	매출액	36.4	29.9	13	13	9.1
	성장률		−18%	−57%	0%	−30%
온라인 게임	매출액	N/A	132.6	231.4	351	529.1
	성장률	N/A	−	75%	52%	51%
모바일 게임	매출액	N/A	0.7	39	78	169
	성장률	N/A	−	5,471%	100%	117%

　지난 2001~2005년 게임플랫폼 시장 규모를 살펴보면 우선 PC게임은 2001년 약 3,540만 달러의 시장을 형성하고 있었으나 급격한 시장 축소로 인해 2005년에는 910만 달러로 2001년 대비 1/4수준으로 감소하였다. 뿐만 아니라 2005년 이후 자국 내 게임개발업체가 거의 없어지고 대부분을 수입 타이틀의 유통에 의존함으로써 PC게임에 대한 관심은 더욱 낮아지고 공식적인 데이터의 집계도 원활히 이루어지지 않고 있다.

한편 온라인 게임은 2002년 1억 3,260만 달러에서 2005년에는 5억 2,910만 달러 규모로 성장하였으며, 연 50% 이상의 높은 성장을 거듭해 왔다. 모바일 게임 역시 휴대폰 인구의 증가에 따라 크게 성장하고 있으며, 2005년도에는 1억 6,900만 달러 규모로 대폭 증가하였다.

(2) 중국 플랫폼별 시장 동향

❶ PC게임

중국의 PC게임과 비디오 게임시장은 사실상 불법 유통과 복제 등으로 정확한 시장 규모를 파악하는 것이 매우 어렵다. 또한 PC게임은 지속적인 하향 산업으로 공식적인 집계도 거의 제공되지 않는 실정이다.

〈표 18〉 중국 PC게임시장 규모 : 2001~2005(단위 : 백만 달러)

구 분	2001	2002	2003	2004	2005
시장 규모	36.4	29.9	13.0	13.0	9.1

지난 2005년 IDC보고서에 따르면 2005년 기준 중국 PC게임은 910만 달러 규모로 전년 대비 30%가량 시장이 축소되었다. 중국 내에 출시된 PC게임 타이틀은 2001년 313개에서 2004년 115개, 2005년 71개로 줄어들었으며, 중국에서 자체 개발한 PC게임으로는 2005년 단 1개의 타이틀만 출시되었다. 이에 따라 PC게임의 산업적 중요성이 낮아지고 고질적인 불법복제

문제로 인해 새로운 비즈니스 모델로 안정적인 시장 확보가 가능한 온라인 게임이나 모바일 게임으로 관심이 이동되었다.

❷ 온라인 게임

〈표 19〉 중국 온라인 게임시장 규모 : 2002~2006(단위 : 10억 위안)

구 분	2002	2003	2004	2005	2006
시장 규모	10.2	17.8	27.0	40.7	60.6
성장률	213.8	74.5	51.5	50.6	48.9

2006년 중국 온라인 게임시장 규모는 약 600억 위안으로 2005년에 비해 48.9% 성장하였다. 2002년 비약적으로 성장한 온라인 게임시장은 성장률이 매년 감소하고는 있으나 시장 규모는 큰 폭으로 증가하고 있다.

중국 온라인 게임시장에서 지역별 점유율을 살펴보면 북구, 남부 및 동부의 시장 점유율이 각각 19.4%, 19.1%, 17.2%로 상대적으로 크게 나타났다. 북서부와 남동부의 시장 점유율이 상대적으로 적은 것으로 나타나 향후 이 지역에서의 점유율이 성장할 수 있을지 귀추가 주목된다.

〈표 20〉 중국 온라인 게임시장 전망 : 2007~2011(단위 : 10억 위안)

구 분	2007	2008	2009	2010	2011
시장 규모	89	121	183	212	265
성장률	42.7	40.7	51.2	15.8	25.0

　　중국 온라인 게임시장은 2011년까지 시장 규모가 증가할 전망이지만 성장률은 지속적으로 감소할 것으로 예상되고 있다. 2011년에는 2,650위안에 이를 것으로 전망되고 있다. 이러한 시장변동에 따라 온라인 게임시장의 마케팅 채널이 차지하고 있는 비율이 달라질 것으로 전망되고 있는데, 전통적으로 자치하고 있는 배급 채널의 비율이 2007년 현재 45%에서 2011년에는 25%로 감소하고 써드파티의 비율이 크게 증가할 것으로 예상된다.

　　개발되는 온라인 게임의 장르에도 변화가 발생할 것으로 보이는데, 2007년 온라인 게임시장의 64%를 차지할 것으로 보이는 MMORPG장르가 2011년에는 55%로 저하되고, 레저 게임 (우리나라의 스포츠 및 캐주얼 게임장르)이 28%로 성장할 것으로 보인다.

❸ 모바일 게임

　　2005년까지 중국 휴대폰 사용자 수는 3억 9,000만 명이며, 독립 WAP 웹사이트가 8만 개를 넘어섰다. 중국에서 모바일 시장 확대와 높은 관심은 광고시장 규모의 변화를 통해 알 수 있다. 2004년 3,120만 달러(2억 4,000만 위안)에서 2005년 6,240만 달러(5억 위안), 2010년 18억 1,300만 달러(14억 위안)로 급상승할 것으로 예상된다.

〈표 21〉 중국 모바일 게임시장 규모 및 전망 : 2004~2009(단위 : 백만 달러)

구 분	2004	2005	2006	2007	2008	2009
매출액	78	169	315.9	504.1	671.9	820.7
성장률	–	116.7	86.9	59.6	33.3	22.1

전체적인 모바일 시장 활성화와 함께 모바일 게임산업 역시 급속한 성장을 보이고 있다. 2006년 기존 중국 모바일 게임시장 규모는 약 3억 1,590만 달러로 2005년 1억 6,900만 달러보다 약 86.9%의 성장률을 기록하고 있다. 이러한 추세로 향후 2009년에는 8억 2,070만 달러의 시장을 형성할 것으로 예상된다.

중국 모바일 게임산업 구조의 변화를 살펴보면 2005년 중국 모바일 게임 플랫폼으로 SMS게임이 42.6%, WAP게임이 37.5%, JAVA / BREW게임이 19.9%를 차지하였다. 2007년에는 WAP게임이 45.8%로 가장 높은 비중을 차지하고 다음으로 JAVA / BREW게임이 32.7%, SMS게임이 21.5%를 차지할 것으로 전망된다.

〈표 22〉 중국 모바일 게임 플랫폼별 시장 점유율 추이 : 2007~2011

구 분	2007	2008	2009	2010	2011
JAVA / BREW게임	31.0	33.0	35.0	38.0	40.0
WAP게임	28.0	29.0	30.0	32.0	33.0
SMS게임	41.0	38.0	35.0	30.0	27.0

향후 2011년 모바일 게임 플랫폼별 시장 점유율은 JAVA / BREW게임이 40.0%, WAP게임이 33.0%, SMS게임이 27.0%를 차지할 것으로 전망되는데 이는 SMS게임이 급속이 감소하고 JAVA / BREW게임의 비중이 점차 증가하는 것으로 중국 휴대폰 이용환경에서 모바일 단말기의 발전에 따른 게임 이용환경이 개선되고 있는 것으로 보인다.

(3) 중국 게임이용자 동향

❶ 온라인 게임

〈표 23〉 중국 온라인 게임 이용자 규모 : 2002~2006(단위 : 만 명)

구 분	2002	2003	2004	2005	2006
이용자 수	1,070	1,328	1,471	1,602	1,781
성장률	25.6	24.1	10.8	8.9	11.2

중국 온라인 게임 이용자 수는 CCID자료에 따르면 2006년 1,700만 명을 넘어서고 있다. 이는 2005년보다 11.2% 성장한 규모로, 저하되었던 성장률이 2005년 이후 다시 성장하고 있다.

이는 새로운 장르와 다양한 비즈니스 모델을 선보이면서 온라인 게임 이용자가 다시 증가하고 있는 추세인 것으로 보인다.

중국 온라인 게임 이용자의 성비는 2005년의 경우 남성 81.1%에서 2006년 79.9%로 약간 감소하였고 여성 이용자의 비율이 약간 상승하였다. 음악게임과 Q-Edition류의 게임에 여성 이용자가 급증하면서 이와 같은 변화가 발생하였다.

〈표 24〉 중국 온라인 게임 이용자의 선호 장르

구 분	선호도	구 분	선호도
롤플레잉	40.5%	레이싱	6.7%
전략	12.9%	스포츠	8.9%
콘테스트	10.3%	음악	7.4%
슈팅	9.5%	기타	3.8%

중국 온라인 게임 이용자는 롤플레잉 장르를 가장 선호하고 있었으며 전략게임과 콘테스트 게임 및 슈팅 게임이 인기 장르다. 슈팅, 레이싱, 스포츠 및 음악을 소재로 한 게임이 7~10% 정도의 점유율을 보이고 있으며 레저게임(스포츠 및 캐주얼 게임)의 성장과 더불어 롤플레잉 장으로 경쟁을 벌일 것으로 전망된다.

❷ 모바일 게임

〈표 25〉 중국 모바일 게임 플랫폼별 가입자 수 : 2003~2008(단위 : 백만 명)

구 분	2003	2004	2005	2006	2007	2008
SMS게임	4.6	2.5	1.9	1.2	0.9	0.8
WAP게임	1.0	3.9	7.9	14.0	19.0	25.0
JAVA게임	0.7	1.2	3.7	6.8	10.2	15.0
BREW게임	0.1	0.5	0.7	1.1	1.9	2.6
합계	6.3	8.1	14.2	23.1	32.0	43.4
성장률	–	28.6%	75.3%	62.7%	38.5%	35.6%

2006년 현재 모바일 게임 가입자 수는 약 2,300만 명이며, 각 모바일 게임 플랫폼별로는 SMS게임이 12만 명, WAP게임이 1,400만 명, JAVA게임이 680만 명, BREW게임이 110만 명으로 추산되고 있다. 향후 모바일 게임의 주요 플랫폼의 비중 변화로 SMS게임 이용 인구는 축소되는 반면 WAP게임과 JAVA / BREW게임 이용 인구는 지속적으로 성장할 것으로 예상된다.

중국에서 무선인터넷 사용자의 성별 구성을 보면, 2004년 남성 86%, 여성 14%에서 2006년 남성 68%, 여성 32%로 나타났다. 여성 무선인터넷 이용자의 증가 원인은 모바일을 통한 무선 인터넷의 조작이 간단하고, 콘텐츠가 다양해졌기 때문으로 추정된다. 모바일 게임은 온라인 게임에 비해 가벼운 보드게임이나 캐주얼 게임을 즐기는 이용자 중심인 경향이 있기 때문에 여성 이용자의 확대는 잠재적인 모바일 게임 인구의 확대로 해석할 수 있다.

10. 기타 국가 게임산업 동향

(1) 베트남

현재 베트남 게임시장은 온라인 게임을 중심으로 성장세를 나타내고 있다. 자체적 개발보다는 수입 및 유통 중심의 영업에 치중하고 있는 실정이며 온라인 게임의 경우 한국 제품이 전체 시장의 약 62.0%를 차지하고 있으며 대만, 중국이 그 뒤를 잇고 있는 등 동아시아 국가들 제품의 인기가 매우 높다.

❶ 온라인 게임

베트남의 온라인 게임시장은 2005년부터 본격적으로 형성되어 현재 발전단계에 있다고 보여지며, 타 게임 플랫폼에 비해 상대적으로 짧은 기간 빠른 속도로 성장하고 있다. 그러나 게임 개발 기술 및 전문 인력 양성 부족으로 자체 제작 능력은 보유하고 있지 않으며 한국, 대만, 중국 등으로부터 대부분의 제품을 수입하고 있는 실정이다.

또한 게임 장르에 있어서는 MMORPG장르가 전체 온라인 게임시장의 71%를 점유하고 있는 등, MMORPG장르의 강세가 두드러진다.

〈표 1〉 베트남 온라인 게임시장 현황(단위 : %)

한국	대만	중국	합계
62	25	13	100

❷ 모바일 게임

2006년 베트남 모바일 가입자 수는 1,600만 명으로 전년 대비 2배 가까이 증가하였으며 2008년에는 2,000만 명, 2010년에는 2,500만 명의 가입자 수를 기록할 것으로 예상하고 있다. 그러나 FTP, SMS 통계에 따르면 베트남 모바일 게임 제품의 90% 이상은 불법복제품으로 알려져 있으며 수요 증대에 따라 게임다운로드 지원 및 정품 유통을 위한 시스템 구축이 절실히 요구되고 있다.

❸ PC게임 및 비디오게임

PC 및 비디오게임 등 베트남의 주요 패키지 게임시장 유통 제품 중 85%는 불법복제품이다. 패키지게임의 정품 가격은 미화로 약 6달러인 반면 불법복제품의 경우는 약 1달러 이하의 가격에 거래되고 있는 상황이며 이는 베트남 게임시장을 크게 위축시키고 있는 요인으로 작용하고 있다.

또한 패키지 게임 중 PC게임 매출은 하락세를, 비디오 게임은 상승세를 보이고 있는데, 이는 콘솔게임기 가격이 큰 폭으로 하락한 데에서 기인한다. 현재 베트남 콘솔 시장은 소니의 PS2가 약 59%를 장악하고 있고, MS의 XBOX가 33% 수준의 시장 점유율을 기록하고 있다.

(2) 말레이시아

❶ 온라인 게임

IDC Malaysia에 따르면 말레이시아의 온라인 게임시장은 2005년 전년 대비 매출액 기준 46% 성장한 8억 달러 규모를 나타내고 있다. 또한 IDC는 말레이시아의 온라인 게임시장 성장속도가 주변 국가들에 비해 더욱 빠를 것으로 전망하였으며 2009년에는 시장 규모가 18억 달러에 이를 것으로 분석하고 있다.

온라인 게임 이용자들의 증가와 이로 인한 수익률 증가는 더 많은 온라인 게임 서비스 공급자들을 시장으로 불러들여 향후, 치열한 경쟁을 초래할 것으로 예상된다.

❷ 모바일 게임

IDC Malaysia는 말레이시아 이동통신 이용자들의 모바일콘텐츠 이용률이 2006년부터 2010년까지 연평균 26.7% 성장할 것으로 분석하고 있다.

2005년 조사에 따르면 말레이시아 휴대전화 이용자들의 절반(49%)가량이 1년 내에 모바일 게임서비스를 이용하겠다고 밝혔는데 이는 미국의 11%, 유럽의 15%에 비해 매우 높은 수치이다.

❸ PC게임

말레이시아의 PC게임은 하드웨어 가격 하락에 따라 이용자 수가 크게 증가한 데 반해 PC 게임용 소프트웨어 시장은 여전히 불법복제품이 범람하고 있다.

정부의 불법복제품에 대한 단속의지가 강력하나 여전히 소비자들과 사인들에게는 불법복제품이 인기를 누리고 있다. 이와 관련하여 미국의 ESA는 말레이시아를 세계 최대의 불법복제 소프트웨어 수출국으로 지목한 바 있는데 2005년에는 말레이시아에서 압수된 불법복제 소프트웨어는 총 480만 개이며 이 중 상당부분은 수출용 이었던 것으로 알려졌다. 말레이시아에서 PC와 콘솔을 포함하는 비디오 게임산업 내 불법복제품들의 시장 규모는 2,340만 달러 수준에 달하는 것으로 집계되고 있다.

❹ 비디오게임

비디오게임은 말레이시아에서 가장 인기 있는 게임분야이다. 특히 소니의 PS3, 닌텐도의 Wii, MS사의 XBOX360 등 신제품의 출시로 인해 말레이시아 비디오 시장의 경쟁이 심화되었다. 그러나 PS3는 높은 가격 수준으로 인해 현재 점유율이 높지 않다.

또한 비디오게임 역시 PC게임과 마찬가지로 불법복제품이 범람하고 있어 정품 시장이 확립되기 위해서는 정부차원의 노력이 필요한 것으로 보인다.

(3) 싱가포르

싱가포르에서는 콘솔게임 및 MMORPG 등이 상당한 인기를 차지하고 있다. 특히 싱가포르는 정보통신망이 잘 구축되어 있고 타 동남아 국가와는 달리 국내 IT 분야 전문가 인력을 다수 배출하고 있다. 이는 싱가포르가 게임산업 개발의 중심지가 될 수 있는 큰 잠재력을 가지고 있음을 의미한다. 또한 전문가 그룹뿐만 아니라 일반 국민의 IT에 대한 지식 수준, 이해도 역시 아시아에서 최고 수준이라고 할 수 있다.

❶ 온라인 게임 및 PC게임

발전된 정보통신망으로 인해 싱가포르는 아시아 / 태평양 지역의 게임산업 허브로 발전을 꾀하고 있다. PC 및 온라인 게임은 싱가포르 게임시장을 주도하고 있으며 '월드 오브 워크래프트'(미국), '팡야', '메이플스토리', '오디션'(이상 한국) 등이 인기를 끌고 있으며 일본의 다국적 게임회사인 Mikoishi는 미국을 포함한 전 세계 35개 국가를 대상으로 온라인과 모바일, PSP와 같은 게임기를 통해 게임 소프트웨어를 서비스하고 있으며 싱가포르에서도 역시 인기가 높다.

❷ 비디오게임

비디오게임시장은 주도하고 있는 제품은 MS사의 XBOX와 소니의 PS이다. 최근 두 업체는 신제품인 XBOX360과 PS3를 출시하였는데 현재 유통가격은 각각 460달러 및 525달러 수준이다. 2004년까지 싱가포르의 비디오게임시장은 PS2가 주도해 왔으나 2005년 이후 새로운 흐름이 생기고 있다. 2003년 **XBOX** 출시 이후 싱가포르에서 아시아 전체 판매량의 5.5%인 72,000대가 판매되었으며 게임타이틀도 12만 개가 판매되는 등 **XBOX**의 약진이 두드러지는 상황이다.

❸ 모바일 게임

다른 국가와 마찬가지로 싱가포르도 향후 모바일 게임이 크게 성장할 것으로 예상된다. 2004년 Signet은 아시아에서 최초로 개발업체인 Mikoishi사에 의해 개발된 LB 다자 간 모바일 게임(Location-Based Multiplayer mobile game)인 Gunslinger를 서비스하였다. 국제적으로 유명한 모바일 게임 개발 서비스업체인 Macrospace사 역시 아시아 / 태평양 지역본부를 싱가포르에 설립하였으며 정부 또한 모바일 게임을 적극 지원하고 있다.

(4) 스페인

2005년 스페인 게임 관련 시장은 225억 400만 유로의 수익을 올려 유럽시장에서 8.5%(세계시장의 2.2%)를 점유하여, 영국, 독일, 프랑스, 이탈리아에 이어 5위 자리를 차지하였다.

문화콘텐츠(영화, TV, 비디오, 음악, 게임) 부분이 스페인 시장에서 86억 유로의 수익을 거두었으며 특히 비디오게임은 텔레비전을 제외한 다른 문화콘텐츠를 제치고 단기간에 순위를 차지하면서 콘텐츠 시장의 주력 품목으로 발돋움했다.

❶ 온라인 게임

2005년 ISFE의 조사에 따르면 스페인은 프랑스, 독일, 영국에 이어 유럽 4대 온라인 게임국가로 밝혀졌다. 또한 2005년 Red.es의 조사에 의하면 스페인 인터넷 이용자가 선호하는 서비스 중 20%가 온라인 게임이었으며 온라인 게임을 즐기는 이유로는 경쟁(60.7%), 온라인 게임의 특별한 장점(30.5%), 많은 게이머와 동시 게임이 가능한 것(24.5%) 등을 들었다. 반대로 온라인 게임을 하지 않는 이유로 테크닉 부족(33.6%), 화면 속도 저하(13.7%), 정지 현상(7.8%), 다운로드 지연(5.3%) 등을 내세웠다. 온라인 게임의 선호 장르는 전략(50.9%), 슈팅(30.0%), RPG(19.0%) 순이었고 온라인 게임을 선택할 때 46.9%가 친구나 가족의 권유를 중요하게 생각했으며 23.4%가 게임 제조업체 브랜드를 주요 이유로 꼽았다.

❷ 모바일 게임

스페인 게임시장 내에서 모바일 게임시장 규모는 PC 및 콘솔기반 게임시장 규모에 비해 현저히 적으나 3G 휴대폰의 기술혁신으로 인하여 이동통신사 및 게임 관련 전문 업체들은 성장세가 클 것으로 전망하고 있다. 실제로 PC나 비디오게임 관련 다국적 기업들이 모바일 게임시장에 시선을 돌려 이동통신사나 유명 휴대폰 단말기 제조업체들에게 게임을 직거래하거나 또는 모바일 게임 개발업체와 제휴하여 간접적으로 시장에 진출하고 있다.

스페인 이동통신 시장에서도 현재 3G기술을 기반으로 한 휴대폰 보급이 본격화되어 더 세련되고 정교한 게임을 즐길 수 있게 됨으로써 모바일 게임시장의 확대가 예상된다.

❸ PC 및 비디오게임

스페인 게임산업은 아직까지 PC 또는 비디오 기반으로 한 게임이 이끌어 가고 있다. 특히 비디오게임이 전체 게임시장에서 주도적 역할을 하고 있으며, 네트워크가 가능한 차세대 게임기가 출시됨에 따라 더욱 성장할 것으로 기대되고 있다

PC, 비디오 게임 이용자 입장에서 선호하는 장르를 보면 어린이용 게임이 여성과 미성년자들 사이에서 가장 인기가 많았고, 남성유저들과 두 가지 플랫폼으로 게임을 하는 유저층은 주로 스포츠와 슈팅, RPG장르를 즐겼으며 하드코어유저들 사이에서는 MMORPG장르가, 온라인 게임도 함께 즐기는 유저층에서는 전략장르가 가장 선호도가 높았다.

(5) 루마니아

2006년 루마니아 게임시장의 매출규모는 약 600만 유로 정도로 추정되며 성장률은 20.0% 수준을 기록할 것으로 보인다. 게임시장의 발전과 기업들의 매출액 증가에도 불구하고 90.0%에 달하는 불법복제물로 인해 정품 게임의 수익성은 높지 않은 편이다.

❶ PC게임

루마니아 소비자들은 비디오게임보다 PC게임을 선호하고 있다. 그 이유는 현재 200~300유로인 콘솔게임기의 가격은 루마니아 소비자의 소득 수준에서는 부담스럽기 때문이며, 비디오

게임의 복제가 쉽지 않아 PC게임처럼 저렴한 가격에 복제품이 유통되지 않기 때문이다.

❷ 모바일 게임

루마니아 휴대폰 시장은 현재까지도 저사양 터미널 방식이 주도하고 있지만 스마트폰에 대한 수요가 증가하고 있다는 것은 특징이다. 3G 기술의 도입으로 휴대폰 사용자들은 보다 높은 수준의 서비스에 접근할 수 있게 되었다.

(6) 호주

호주의 게임산업 매출액은 전 세계 소프트웨어 시장의 0.25% 수준에 불과한 것으로 나타났다. 그러나 게임에 대한 보수적인 시각에서 점차 적극적으로 수용하는 자세로 바뀌고 있는데 2002년 소비자들의 지출이 2001년보다 39% 늘었다는 점이 이를 나타낸다.

〈표 2〉 호주 게임시장 규모 : 2001~2005(단위 : 백만 달러)

게임 아이템	2001	2002	2003	2004	2005
소매시장 하드웨어	256.4	363.9	309.8	251.8	271.9
소매시장 소프트웨어	336.6	372.4	441.2	536.0	589.4
Game Classified	583	747	661	654	750

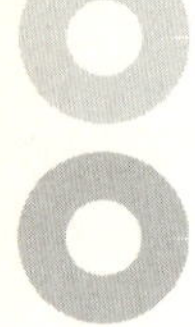

2001년부터 2005년간의 호주 게임산업 소매시장 규모를 조사한 결과에서 알 수 있듯이 게임 콘솔 등 하드웨어 게임제품의 소매 매출은 2002년을 기점으로 다소 주춤하는 경향이 있으나 이는 호주 환율의 강세와 새로운 게임기의 출시 흐름에 따른 자연적인 감소에 기인한 것이다. 반면 소프트웨어 소매 매출—즉 게임 타이틀의 매출은 같은 기간 호주달러의 강세에도 불구하고 지속적인 증가세를 보이고 있다. 이는 단순한 소비자의 증가뿐만 아리나 기존 소비자들의 소비지출에도 큰 영향을 받은 것으로 파악된다.

11. 한국 게임산업의 당면 과제와 비전

　국내 시장이 포화상태가 된 것은 이미 오래전의 사실이다. 플랫폼의 다변화라는 시도가 지속적으로 발생하고 있으나 국내 게임업계가 경쟁력을 가질 수 있는 온라인 게임 플랫폼을 제외한 국내 게임산업은 있을 수 없는 것이다. 이에 과거 몇 년간 국내 게임시장을 이끌어 온 몇몇 타이틀의 생명력이 다해가고 있는 지금의 시점에서 시장의 활성화를 주도해 갈 수 있는 차기 타이틀의 시장 안착이라는 문제와 더 넓은 해외시장의 개척, 특히 북미와 유럽시장의 개척이라는 문제가 당면과제로 부상할 수밖에 없다.

　동일한 문화권 내에 속하는 동남아시아권과 중국권에서의 국산 온라인 게임의 선전은 시장의 선점이라는 측면에서 실상 예견된 일이라고 할 수 있다. 하지만 게임의 종주국인 북미나 유럽시장은 문화적 요소는 물론이고 상이한 시장의 구조 때문에 국내 게임업체가 시장에 안착하는 것이 결코 쉽지 않은 일이다. 특히 온라인 게임시장이 이제 막 형성되어 가고 있는 상황에서의 초기 시장 장악을 노리고 야심차게 북미시장으로 진출했던 몇몇 국산 게임들의 참패를 확인하게 되면서 국내 혹은 동남아시아권에서의 성공이 그대로 북미권에서의 성공으로 연결되지 않는다는 교훈을 얻게 되었다.

　그럼에도 불구하고 한국 게임산업의 최우선 당면과제로 북미시장의 성공적인 진출을 꼽는 것은 게임의 종주국을 국산게임으로 정복한다는 상징적인 의미 이외에도 세계적인 게임산업의 흐름을 한국 게임이 주도할 수 있는 기반을 마련할 수 있다는 측면에서 다양한 이유가 있다. 반드시 북미라는 산을 넘어야 하고 그래야만 국내 게임산업은 국내 시장을 벗어나 세계시장으로의 진정한 발돋움을 할 수 있다.

〈표 1〉 국산게임의 수출 현황

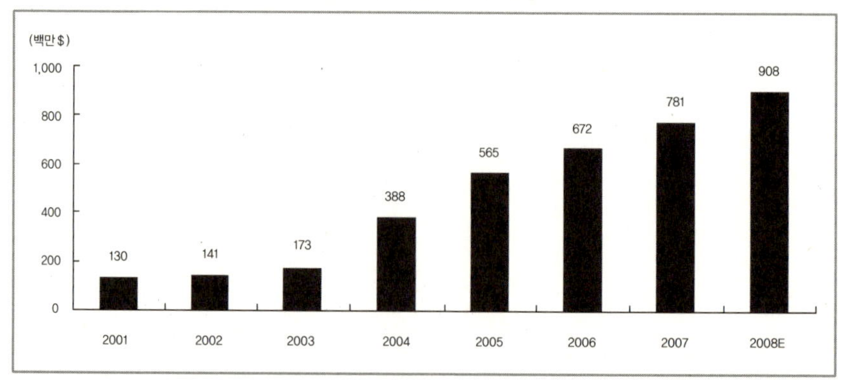

자료 : 대한민국 게임백서 2008

2000년 '리니지'의 대만 수출에서 시작된 한국 온라인 게임의 수출 역사는 매해마다 급격한 성장을 거듭해 왔다. 게임백서 기준으로 2008년 수출은 9억 1천만 달러에 달해 처음으로 원화 기준 1조 원을 넘어설 것으로 추정된다. 매출의 대부분이 로열티 매출임을 고려할 경우 해외 매출은 로열티가 거의 수익으로 반영되고 있어 경쟁이 격화된 국내 시장보다 유리한 수익원으로 부상하고 있다. 중소 사업자 가운데에서는 국내 성과의 몇 배를 해외에서 거둬들이고 있는 경우(조이맥스, L&K코리아 등)마저 나타나고 있어, 대형사 대비 자금력에서 열위에 놓인 중소 개발사의 입장에서는 개발비를 우선적으로 충당하기 위해 선수출도 진행하고 있는 상황이다.

2002년 시장 규모 11억 3천만 달러로 시장 내 비중이 2%에 불과했던 세계 온라인 게임시장은 2010년 132억 달러, 11.2%로 성장할 것으로 추정된다. 주목해야 하는 것은 PC게임과 아케이드 게임 등 과거 주력 플랫폼의 퇴조를 온라인 게임이 대체하고 있다는 것과 성장지역이 과거 세계 게임산업 규모에 편입되지 않았던 아시아 지역에서 진행되고 있다는 것, 아시아 지역에서 온라인 게임으로 편입될 수 있는 PC방 시장 규모가 배제되어 있다는 것, 시장 규모 이외에 수익성에서 온라인 게임이 상대적으로 크게 우월하다는 것 등이 될 것이다.

2007년 게임 수출액 7억 8천만 달러 가운데 95.5%가 온라인 게임인 만큼 게임 수출을 온라인 게임 수출이라고 언급하더라도 무리가 없을 것이다. 게임백서 기준으로 본 한국 게임의 해외 수출 국가별 현황을 보면 일본-중국-대만-미국-동남아-유럽의 순이지만 현실적으로 볼 때 가장 가능성 있고 장기적으로 준비해야 할 시장은 중국과 미국으로 압축된다.

최우선적으로 고려해야 할 시장은 동일 문화권에 속하는 중국이다. 게임 수출 규모 기준으로는 일본이 가장 크지만 일본의 경우 100% 현지법인을 통한 매출이 반영되어 있어 이익 기여 측면에서 상대적으로 낮고, 비디오 게임산업의 입지가 확고하여 온라인 게임산업의 성장 속도가 상대적으로 더딘 만큼 고속 성장하고 있는 중국 온라인 게임시장이 가장 1순위일 수밖에 없을 것이다. 또한, 중국시장에서의 성공은 유사한 문화권인 대만시장과 동남아시아시장에서의 성공 역시 보장한다는 점에서 중국시장에 대한 검토가 가장 우선시될 것이다.

중국시장과 함께 우선적으로 타겟으로 설정해야 하는 것은 미국시장이다. 미국시장의 경우 사실 한국산 온라인 게임의 불모지나 다름없다. 미국시장에서의 성공 사례는 부분유료화 수익모델인 넥슨의 '메이플스토리'(Mayple Story)와 엔씨소프트의 현지법인인 아레나넷이 개발한 '길드워'(Guild War) 정도에 국한되어 있다.

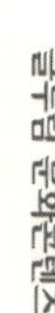
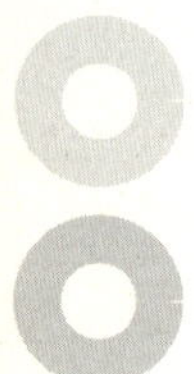

그러나 미국시장에 대해 관심을 두어야 하는 이유는 다음과 같다.

① 'WOW'에 의해 확장된 MMORPG 시장의 가능성이 여전히 크다.
② Made in Korea Game이 아닌 Published by Korea Game의 성공 가능성에 대한 검토가 필요하다.
③ 미국시장에서의 성공은 유사한 시장인 유럽에서의 성공도 보장되기 때문이다.

〈표 2〉 국산게임의 해외 진출 분포

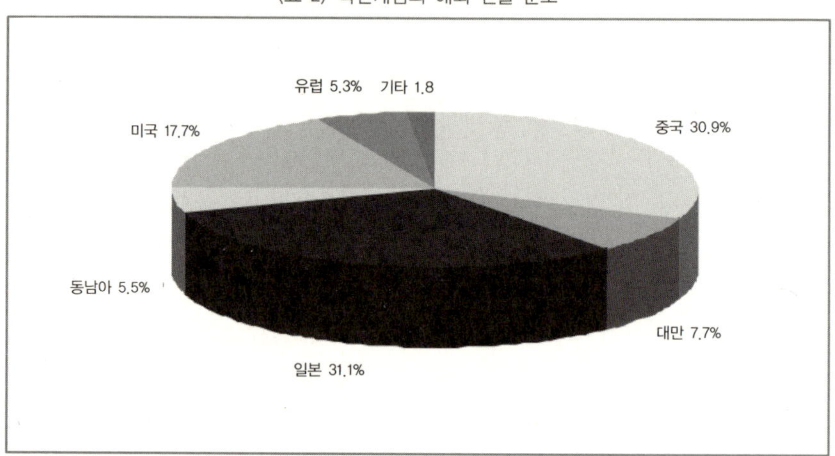

〈표 〉 한국 게임시장의 규모와 성장률

	한국 게임시장								
	2002	2003	2004	2005	2006	2007	2008	2009	2010
시장 규모(억 원)	55,489	55,713	62,223	69,873	75,444	92,265	106,812	116,489	117,820
온라인 게임	1,135	2,128	2,713	3,946	5,607	6,994	9,021	10,959	13,204
PC게임	3,815	3,786	4,122	3,639	3,251	3,042	2,847	2,664	2,492
아케이드 게임	28,468	29,460	32,526	35,076	32,705	32,662	34,732	36,207	37,820
비디오게임	21,500	19,378	21,045	24,874	30,407	44,964	54,537	59,981	56,715
모바일 게임	573	963	1,817	2,338	3,474	4,603	5,675	6,678	7,589
시장 내 비중(%)									
온라인 게임	2.0%	3.8%	4.4%	5.6%	7.4%	7.6%	8.4%	9.4%	11.2%
PC게임	6.9%	6.8%	6.6%	5.2%	4.3%	3.3%	2.7%	2.3%	2.1%
아케이드 게임	51.3%	52.9%	52.3%	50.2%	43.4%	35.4%	32.5%	31.1%	32.1%
비디오게임	38.7%	34.8%	33.8%	35.6%	40.3%	48.7%	51.1%	51.5%	48.1%
모바일 게임	1.0%	1.7%	2.9%	3.3%	4.6%	5.0%	5.3%	5.7%	6.4%
전년 대비 성장률									
온라인 게임		87.3%	28.6%	45.4%	42.1%	24.7%	29.0%	21.5%	20.5%
PC게임		−0.8%	8.9%	−11.7%	−1.7%	−6.4%	−6.4%	−6.4%	−6.5%
아케이드 게임		3.5%	10.4%	7.8%	−6.8%	−0.1%	6.3%	4.2%	4.5%
비디오게임		−9.9%	8.6%	18.2%	22.2%	47.9%	21.3%	10.0%	−5.4%
모바일 게임		68.1%	88.7%	28.7%	48.6%	32.5%	23.3%	17.7%	13.6%

〈표 3〉 한국 게임시장의 규모와 성장률

	한국 게임시장								
	2002	2003	2004	2005	2006	2007	2008	2009	2010
시장 규모(억 원)	55,489	55,713	62,223	69,873	75,444	92,265	106,812	116,489	117,820
온라인 게임	1,135	2,128	2,713	3,946	5,607	6,994	9,021	10,959	13,204
PC게임	3,815	3,786	4,122	3,639	3,251	3,042	2,847	2,664	2,492
아케이드 게임	28,468	29,460	32,526	35,076	32,705	32,662	34,732	36,207	37,820
비디오게임	21,500	19,378	21,045	24,874	30,407	44,964	54,537	59,981	56,715
모바일 게임	573	963	1,817	2,338	3,474	4,603	5,675	6,678	7,589
시장 내 비중(%)									
온라인 게임	2.0%	3.8%	4.4%	5.6%	7.4%	7.6%	8.4%	9.4%	11.2%
PC게임	6.9%	6.8%	6.6%	5.2%	4.3%	3.3%	2.7%	2.3%	2.1%
아케이드 게임	51.3%	52.9%	52.3%	50.2%	43.4%	35.4%	32.5%	31.1%	32.1%
비디오게임	38.7%	34.8%	33.8%	35.6%	40.3%	48.7%	51.1%	51.5%	48.1%
모바일 게임	1.0%	1.7%	2.9%	3.3%	4.6%	5.0%	5.3%	5.7%	6.4%
전년 대비 성장률									
온라인 게임		87.3%	28.6%	45.4%	42.1%	24.7%	29.0%	21.5%	20.5%
PC게임		−0.8%	8.9%	−11.7%	−1.7%	−6.4%	−6.4%	−6.4%	−6.5%
아케이드 게임		3.5%	10.4%	7.8%	−6.8%	−0.1%	6.3%	4.2%	4.5%
비디오게임		−9.9%	8.6%	18.2%	22.2%	47.9%	21.3%	10.0%	−5.4%
모바일 게임		68.1%	88.7%	28.7%	48.6%	32.5%	23.3%	17.7%	13.6%

출처 : 대한민국 게임백서 2008

(1) 무한한 가능성 중국시장

〈표 4〉 중국 온라인 게임산업의 규모

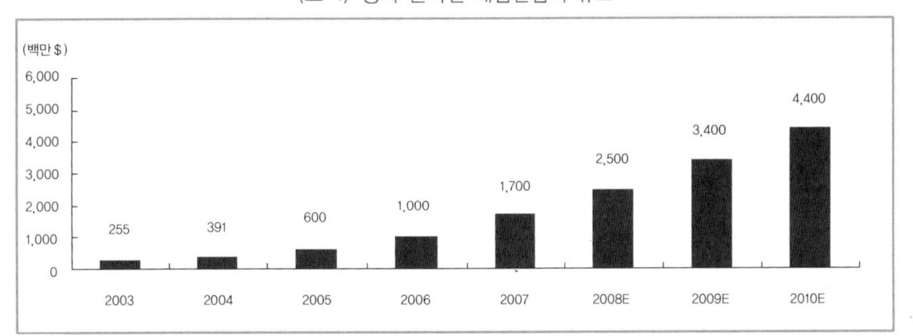

자료 : iResearch, 2008

중국 온라인 게임시장은 예나 지금이나 매력적인 시장으로 손꼽히는 곳이다. 2000년 위메이드의 '미르의 전설 2'가 중국에서 국산게임의 이름을 알리기 시작한 이후부터 형성된 중국 온라인 게임산업은 2008년 25억 달러로 한국의 시장 규모를 넘어서며 세계 최대의 온라인 게임시장으로 부상하였다. 또한 해마다 플러스 성장률을 기록하며 무궁무진한 인적인프라를 바탕으로 가까운 시일 내에 세계 최대의 온라인 게임시장으로 성장할 것으로 추정된다. 12억 명에 달하는 인구와, 16%에 불과한 인터넷 침투율, 불법복제에 따른 PC게임과 비디오게임의 시장 공백을 고려할 때 가장 매력적일 수밖에 없는 시장이다.

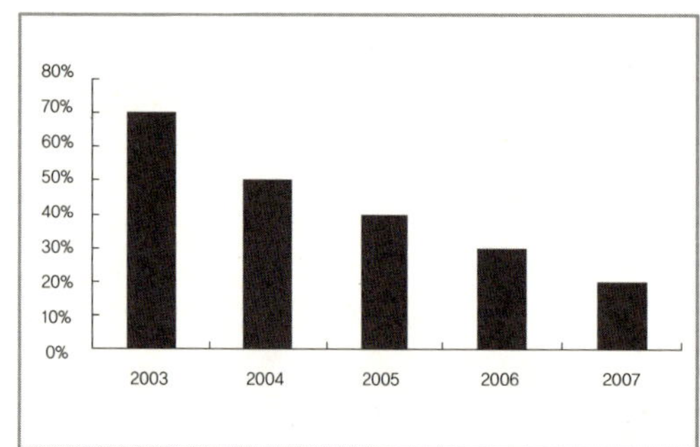
〈표 5〉 중국 내 국산게임의 점유율 증감

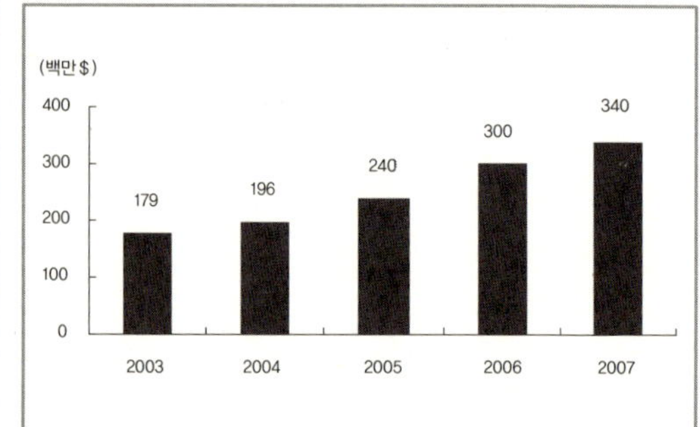
〈표 6〉 국산게임의 중국수출 현황

자료 : 대한민국 게임백서 2008

그러나 급격하게 성장하고 있는 중국 온라인 게임시장에서 중국 정부의 자국산 게임 육성 방침과 맞물린 한국게임의 점유율 감소를 우려하는 목소리 역시 여전히 높아지고 있다. 2003년 70%에 달했던 한국산 온라인 게임의 점유율은 2007년에는 20%까지 하락한 것으로 추정되고 있다. 한국산 게임의 점유율 하락은 중국 온라인 게임산업의 발전 과정에서 필연적으로 발생할 수밖에 없는 문제이다. 문화적인 코드가 동일하다 하더라도 중국인이 가장 좋아할 수 있는 게임은 중국인의 기호를 정확히 알고 있는 중국 내 개발사가 가장 잘 만들기 때문이다. 주의해야 할 점은 점유율의 하락에도 불구하고 여전히 중국에서 유입되고 있는 로열티 규모는 증가하고 있다는 것이다. 중요한 것은 게임의 질적 수준이다. 'WOW'의 중국 출시 이후 양질의 게임이 중국으로 수출되지 못한 상황으로서 좋은 게임이 나온다면 기존의 우려는 불식될 수 있을 것이라 판단된다.

자국 내 기술력 확보와 게임시장의 통제를 위해 중국정부는 해외 사업자의 100% 자회사의 설립을 허용하지 않고 있으며, 연간 퍼블리싱되는 해외 게임의 수를 암묵적으로 통제하고 있음은 주지의 사실이다. 샨다의 나스닥 상장으로까지 이어진 '미르의 전설 2'에 대한 수입／배급의 대성공으로 말미암은 한국 온라인 게임의 수입 러시는 갖은 긍정적 혹은 부정적 이슈를 양산한 바 있다. 아직까지 미디어시장이 충분히 열리지 않은 중국 온라인시장에서 가장 우선적으로 수익을 창출하는 사업으로 온라인 게임이 부상하며 포털과 게임을 병행하는 사업자(Netease, Tencent)가 많아졌으며, 온라인 게임으로 나스닥 상장으로까지 이어진 사례도 다섯 차례에 달하였다. 그러나 긍정적인 면만 존재하는 것은 아니다. 반대로 높은 로열티 지급을 약속한 이후 중국 내 서비스를 진행하지 않거나, 계약조건의 일방적 파기 또는 과실송금 지연의 사례도 비일비재하였으며, 소스 코드의 해킹 이후 소위 카피게임을 출시하는 사례도 등장한 바 있다.

그 결과 현시점에서 한국 온라인 게임 사업자의 중국시장 진출에 있어 중요한 내용은 퍼블리셔의 안정적 확보라고 업계 관련자들은 한 목소리로 언급하고 있다. 한국 온라인 게임을 둘러싼 과당 경쟁에 대해 중국정부의 자국 게임시장 살리기를 위한 법적통제가 지속되고 있는 가운데 퍼블리셔의 선택에 있어 중요한 것은 다음과 같다.

① 수입 한국게임의 판권번호를 안정적으로 확보할 수 있는가?
② 마케팅을 적극적으로 할 의지가 있는가?
③ 전국적인 PC방 선불카드 배급시스템을 갖추고 있는가?
④ 게임의 매출이 발생할 경우 공정한 방법으로 로열티 과실송금이 이루어질 수 있는가?

(2) 게임의 발원지 미국시장

〈표 7〉 미국 내 플랫폼별 게임시장 규모 및 성장률

	미국 플랫폼별 게임시장 규모 및 성장률					
	2005	2006	2007	2008	2009	2010
시장 규모($M)	23,934	26,881	33,726	38,285	40,823	38,357
아케이드 게임	9,790	10,025	9,684	10,334	10,675	11,042
PC게임	1,132	1,014	959	907	858	812
비디오게임	11,313	13,977	21,034	24,552	26,449	23,285
온라인 게임	907	1,295	1,325	1,667	1,916	2,183
모바일 게임	252	570	724	825	925	1,035
시장 내 비중(%)						
아케이드 게임	41.8%	37.3%	28.7%	27.0%	36.1%	28.8%
PC게임	4.8%	3.8%	2.8%	2.4%	2.1%	2.1%
비디오게임	48.4%	52.0%	62.4%	64.1	64.8%	60.7%
온라인 게임	3.9%	4.8%	3.9%	4.4%	4.7%	5.7%
모바일 게임	1.1%	2.1%	2.1%	2.2%	2.3%	2.7%
전년 대비 성장률						
아케이드 게임		2.4%	−3.4%	6.7%	3.3%	3.4%
PC게임		−10.4%	−5.4%	−5.4%	−5.4%	−5.4%
비디오게임		23.5%	50.5%	16.7%	7.7%	−12.0%
온라인 게임		42.8%	2.3%	25.8%	14.9%	13.9%
모바일 게임		126.2%	27.0%	14.0%	12.1%	11.9%

자료 : Playmeter 04〜07, Information 05〜07, IDC 2008, DFC 06〜07

미국은 2007년 기준 337억 달러의 규모로 가장 큰 게임시장이지만 통계자료를 볼 때 아직까지는 온라인 게임보다는 비디오게임 위주로 형성된 시장임을 알 수 있다. 그러나 성장률 추이를 보면 그 속도는 한국과 중국에 비해서는 크게 떨어지지만 온라인 게임과 모바일 게임의 성장세가 높게 상승곡선을 그리고 있음을 알 수 있다. 세계 게임산업 내 비중에서 볼 때에도 2005년 이후 고성장 영역에서의 시장점유율이 지속적으로 하락할 전망임을 확인할 수 있다. 그러나 이는 신성장지역인 중국을 포함한 아시아 지역이 게임산업으로 편입되면서 이루어진 자연스러운 현상으로서, 북미 지역에서의 온라인 게임부문의 시장 성장 추이에만 집중할 필요가 있다.

<표 8> 세계 게임시장 내 미국 게임시장 비중 추이

| | 세계 게임시장 내 미국 게임시장 비중 추이 | | | | | |
	2005	2006	2007	2008	2009	2010
아케이드 게임	27.9	30.7	29.6	29.8	29.5	29.2
PC게임	31.1	31.2	31.5	31.9	32.2	32.6
비디오게임	45.5	46.0	46.8	45.0	44.1	41.1
온라인 게임	23.0	23.1	18.9	18.5	17.5	16.5
모바일 게임	10.8	16.4	15.7	14.5	13.9	13.6

자료 : Playmeter 04~07, Information 05~07, IDC 2008, DFC 06~07

온라인 게임 위주로 경쟁력을 확보한 한국업체에게 있어 미국시장의 성공적인 진입은 매우 어려운 문제라고 할 수 있다. 미국에 진출한 사업자는 엔씨소프트와 넥슨을 비롯하여 15개 사에 달하지만 현재까지 이렇다 할 성과를 거두지는 못하였기 때문이다. 한국과 중국에서 큰

인기를 얻은 넥슨의 카트라이더는 서비스 1년 만에 북미에서 문을 닫았으며 한게임의 미국 현지 서비스인 ijji.com 역시 동시접속자 2만 명 수준에서 그치고 있기 때문이다. 그나마 위안이 되는 부분은 넥슨의 '메이플스토리'가 가뭄 속의 단비와 같은 역할을 해주고 있다는 것이며 비즈니스 모델측면에서 부분유료화 방식의 선불카드 판매가 새로운 수익모델로 부각되고 있다는 정도에 머물러 있다.

〈표 9〉 길드워 누적 계정 생성 변화

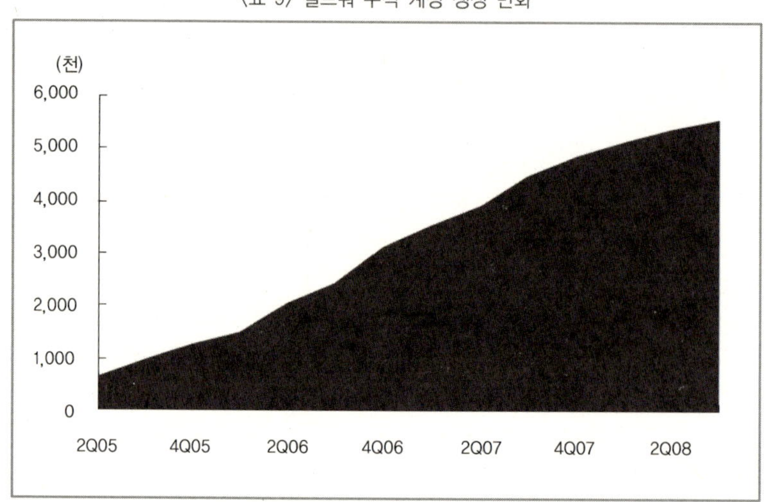

국내 게임 기업의 투자와 미국 내 기술력의 만남이라는 의미를 갖는 '길드워'(Guild war)의 경우 누적 생성 계정 기준 559만 개에 달하고 3년간 북미와 유럽 지역에서의 누적 매출은 1,354억 원을 기록했지만, '길드워'를 주력매출원으로 삼는 NC Interactive와 NC Europe의 2007년까지의 누적 적자는 151억 원에 달해 있다. 북미와 유럽 지역에서 판매 성공했음에도 불구하고 '길드워'의 수익성이 떨어지는 이유는 국내에서의 수익모델과 비교해 매월 일정액을 부과하는 정액요금제를 취하지 않고 패키지 방식의 수익모델에 근거한다는 판단이다. 앞서 살펴본 서비스로서의 MMORPG의 놀라운 수익성에 주목해야 한다는 입장에서 볼 때, 2010년경 출시될 '길드워 2'의 기존 수익모델의 대대적인 변경이 필요하다는 의견이 지배적이다.

2007년 북미 지역에서 MMORPG의 대부로 알려진 '리차드 게리엇'(Richard Allen Garriott)이 개발의 총괄 지휘를 맡은 타불라라사(Tabula rasa)는 높은 기대에도 불구하고 아쉽게 실패하고 말았다. 이로 인한 구조조정에 돌입한 엔씨소프트 북미 / 유럽법인은 통합운영 방침을 발표하였으며 당분간 신작의 발표가 없을 예정인 만큼 일정 수준의 적자 지속은 불가피할 것으로 보여 진다. '길드워 2'와 '오렌지카운티 프로젝트'가 출시될 2010년까지 북미시장 공략은 다시 북미 지역에서 개발된 게임이 아니라 서울스튜디오에서 개발된 '아이온'을 통해 이루어질 예정이지만 한국산 게임의 성공 사례가 아직 없었던 만큼 북미 / 유럽 지역에서의 긍정적 기대를 추정에 반영하기에는 어려움이 있다는 판단이다.

<표 10> 북미 / 유럽 지역의 엔씨소프트 수익추이

		2004	2005	2006	2007	2008E
NC Interactive. INC	Revenue	45,956	69,576	32,071	55,562	41,938
	Net income	−412	2,175	−7,525	7,509	1,207
NC Europe	Revenue		17,914	30,081	27,506	19,097
	Net income	−2,476	100	614	−56	−6,609
Arenanet	Revenue		10,608	13,400	12,020	8,157
	Net income	−7,566	−168	−2,022	−2,975	−8,038

자료 : 엔씨소프트

<표 11> 북미 지역 MMORPG 가입자 수

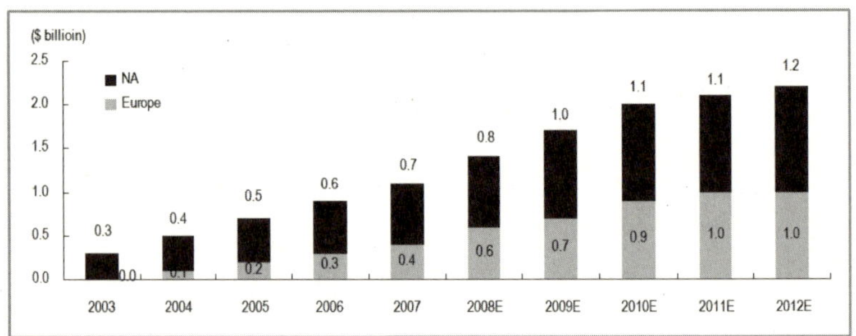

자료 : Screen Digest 2008 May

(3) 새로운 도약

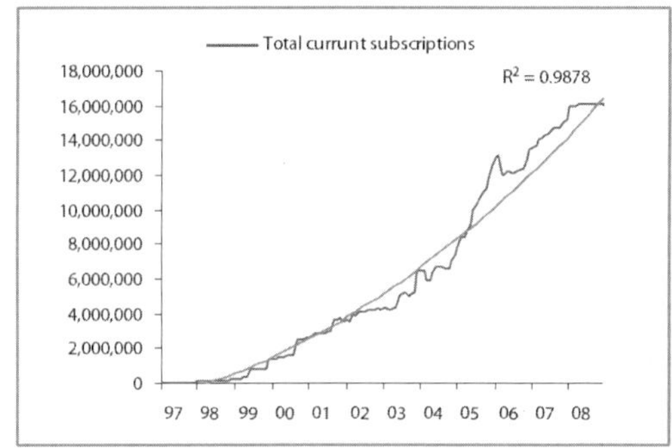

〈표 12〉 세계 MMOG Subscriptions

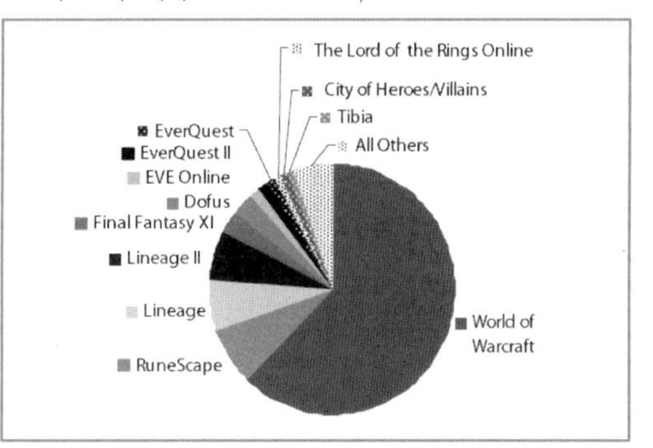

〈표 13〉 세계 MMOG Subscriptions Market Share

자료 : MMOGCHART.COM

세계 MMOG(Massively Multiplayer Online Game) 시장은 2005년 미국 블리자드의 'WOW' 출시 이후 급격한 성장을 거듭하였다. 'WOW'의 급격한 유료사용자 증가에 힘입어 2008년 유료사용자 수는 1,600만 명을 돌파하였으며 북미, 유럽을 중심으로 하는 온라인 게임 보급 확산에 따라 2009년에도 양호한 성장을 기록할 것으로 전망된다. 2008년 국내 온라인 게임시장 역시 양호한 성장을 지속하고 있는 것으로 나타났다. 2007년 게임백서에서는 2008년 국내 온라인 게임시장을 2007년 대비 11.4%가 성장한 2조 4,950억 원으로 예상했으나 최근 발간된 2008년 게임백서에서는 2008년 추정치를 2조 7,556억 원(23%)으로 추정하고 있다.

그러나 이러한 국내 온라인 게임시장의 양호한 성장은 지금까지 국산 온라인 게임의 주류

를 이루어왔던 MMORPG장르의 게임보다는 보드게임류 및 캐쥬얼게임의 성장에 기인한 것으로 판단된다. 3분기 국내 주요 게임포털의 매출은 사행성 규제 및 계절적 요인 등으로 전분기에 대비하여 감소했으나 3분기 누적 기준 성장률은 양호한 성장을 기록했다. 예를 들어 국내 최고의 게임포털인 NHN의 한게임의 경우 2008년 3분기 매출은 864억 원으로 2분기 대비 7.5% 감소했으나 3분기까지 누적매출은 2,703억 원으로 1,654억 원을 기록한 2007년 대비 63.4% 성장하였다.

〈표 14〉 '아이온' 상용화 이전 국내 MMORPG PC방 점유율

게임명	출시일	개발사	서비스 회사	PC방 순위
리니지 1	1998년 9월	엔씨소프트	엔씨소프트	10
리니지 2	2003년 7월	엔씨소프트	엔씨소프트	4
RF온라인	2004년 8월	CCR	CCR	44
WOW	2004년 11월	블리자드	블리자드	5
로한	2005년 9얼	와이엔케이게임즈	와이엔케이게임즈	30
그라나도에스파타	2006년 2월	IMC게임즈	한빛소프트	94
제라	2006년 2월	넥슨	넥슨	297
썬	2006년 5월	웹젠	웹젠	100
헬게이트런던	2008년 1월	플래스쉼 스튜디오	한빛소프트	88
십이지천 2	2008년 4월	기가소프트	kth	18
헉슬리	2008년 6월	웹젠	웹젠	156
프리우스 온라인	2008년 10월	CJ인터넷	CJ인터넷	19

자료 : 게임트릭스, 11월 10일 기준

그러나 시장에서 주목하고 있는 MMORPG 시장의 경우 지난 2003년 하반기 엔씨소프트의 '리니지 2'가 출시된 이후 외산게임인 'WOW' 외에는 이렇다 할 흥행작이 없었다. 과거 '빅3'라 불리웠던 '제라'(넥슨), '썬'(웹젠), '그라나도에스파다'(한빛소프트) 게임들이 흥행에 참패하며 MMORPG 시장 성장에 대한 기대감을 저버렸다. 현재에도 국내 PC방 점유율에 있어서 10위권 내에 포함된 MMORPGG 4개 중 '리니지' 시리즈, 'WOW'가 2005년 이전 오픈된 게임들이고, 10월 말 오픈베타 서비스에 들어간 CJ인터넷의 '프리우스'(Prius)와 엔씨소프트의 '아이온'만이 2008년 작품이다.

2009년 국내 MMORPG시장은 국내 메이저 게임 개발들이 야심차게 내놓은 신규게임들의 흥행을 발판으로 2008년까지의 부진을 씻고 상승곡선을 기록할 수 있을 것으로 전망된다. 우선 가장 기대되는 게임은 단연코 엔씨소프트의 '아이온'이다. 11월 11일 오픈베타 서비스와 동시에 동시접속자 수 15만 명을 돌파한 '아이온'은 매우 짧은 오픈베타 서비스 기간 이후 상용화를 감행했음에도 불구하고 계정이탈률이 예상보다 낮은 것으로 분석되어 2009년 국내 게임산업에 또 한번 '리니지' 신화를 이어갈 대박게임으로 점쳐지고 있다.

'아이온'의 성공에 대해 낙관적인 이유로는 우선 엔씨소프트가 2003년 '리니지 2' 이후에 5년 만에 국내에 출시하는 게임이라는 점과, 개발기간 및 개발비 등을 고려하지 않더라도 크라이텍(Crytek)의 최신 엔진인 '크라이엔진'을 사용하여 그래픽의 퀄리티가 타 게임들과 비교할 수 없을 정도의 높은 수준이라는 평가이다. 또한 게임 내 콘텐츠 규모가 기타 국내 게임을 압도하고도 남을 수준이고 퀘스트나 NPC의 대화 같은 부분을 전문 성우의 더빙으로 처리한 점 등 국산 게임이라고 보기에는 매우 디테일한 완성도가 돋보이기 때문이다. 과거 '리니지'

시리즈 및 'WOW' 출시 때 경험했던 것처럼 완성도 높은 대작 게임이 게임시장 성장에 미치는 긍정적인 파급효과가 매우 클 것으로 보기 때문에 '아이온'의 성공여부야 말로 2009년 MMORPG 시장의 성장여부를 결정짓는 바로미터가 될 것으로 예상된다.

또한 국내에서 '아이온'이 소기의 성과를 거둘 경우 3~6개월의 간격을 두고 시작될 중국 및 북미 / 유럽에서 서비스에서도 긍정적인 결과를 기대할 수 있을 것으로 판단된다. 이미 북미와 유럽 지역에서 2009년도의 가장 기대되는 MMORPG 중에 하나로 주목 받고 있으며 중국에서도 제휴사인 샨다(Shanda)의 차기 대작으로 기대되고 있다. 따라서 흥행에 성공한다면 국내 게임시장 성장 견인은 물론 해외시장에서의 한국 MMORPG의 입지를 강화하는 데에도 긍정적인 역할을 할 전망이다.

그 외에도 지난 10월 23일 오픈베타 서비스에 들어간 CJ인터넷의 '프리우스'가 초기의 기대치에는 미치지 못하지만 그럭저럭 양호한 흥행실적을 기록하고 있다. '내 생애 최초의 감성 RPG'라는 타이틀을 내세운 '프리우스'는 기존 게임에서는 볼 수 없었던 독특한 컨셉인 '아니마'(anima)를 도입하며 게임사용자들의 흥미를 끄는 데 성공하였다. 환상적이며 감성적인 독특한 그래픽과 사실적인 타격감 등에 있어서는 사용자들의 우호적인 반응을 이끌어 내고 있으나, 퀘스트를 포함한 컨텐츠 부족과 완성도 부분에서 사용자의 기대치를 충족시키지 못하고 있는 현상은 시급히 해결해야 할 문제로 판단된다.

CJ인터넷은 '프리우스' 외에도 2009년 상반기에 '진삼국무쌍 온라인'과 하반기에 '드래곤볼 온라인' 등을 출시 예정하고 있다. '진삼국무쌍 온라인'은 이미 콘솔게임에서 세계적으로 성공한 킬러타이틀을 온라인 게임화한 작품으로 기존에 진삼국무쌍을 즐기던 유저들을 기반으로 성공작의 반열에 오를 것으로 기대하고 있는 작품이다. '드래곤볼 온라인'은 토에이 (Toei)의 세계적인 베스트셀러 만화를 소재로 영화 제작과 함께 온라인 게임 개발로 이슈가 되고 있는 게임이다. 이 두 작품은 '아이온'과 같은 블록버스터 급은 아니지만 성공 가능성을 충분히 갖춘 다양한 게임의 라인업을 보유하고 있어 2009년 상대적으로 긍정적인 성과를 거둘 수 있을 것으로 보인다.

<그림 4> 프리우스 온라인, CJ인터넷, 2008

❶ 국산 온라인 게임의 기대주 '아이온'

2008년 11월 25일 상용화에 돌입한 '아이온'의 국내 시장의 성공은 의심의 여지가 없다. 11월 11일 새벽 6시에 서버 18개로 시작된 오픈베타 서비스는 서버 31개까지 확장되었으며 13일 만의 상용화에도 불구하고 지속적인 사용자 확대로 추가적인 서버 확충이 지속적으로

이루어지고 있다. 12월 13일 현재 서버는 35개이며, 확인 결과 주중 상대적으로 원활했던 신설 서버마저도 대기시간 30분을 넘어서는 전 서버 혼잡 상태에 돌입해 있는 상황이다. 오픈 베타 시점에서의 사용자 집중이 있었던 대부분의 게임들이 상용화 이후에는 대규모 사용자 유출이 있었던 것을 미루어볼 때 상용화 이후의 상황은 상용화 성공에 대해 일말의 우려마저도 불식시켜 주는 것이라 판단한다. 엔씨소프트 측은 대기시간이 긴 서버를 대상으로 캐릭터 이전 서비스를 발표한 바 있으며, 현재와 같은 상황이 이어질 경우 과거 상용화 이후 두 차례에 걸쳐 캐릭터 이전 신규 서버 4개를 오픈 했던 2004년의 '리니지 2'의 상황을 재연할 것으로 기대한다.

35개 전 서버의 상태가 혼잡상태이며 대기자가 대부분의 서버에 존재하는 주말 상황을 확인한 만큼 상용화 이후 현재의 최고 동시접속자 수는 18만 명을 상회할 것으로 추정한다. 과거 엔씨소프트 측이 언급한 서버당 최고 수용인원이 5,000명이었던 바 이를 기준으로 현재의 동시접속자를 계산한다면 17.5만 명에 달하며 이는 언론에 보도된 바 있는 오픈베타 시점의 최고 수준인 22만 명의 80%에 달한다. 언론에 보도된 22만 명이 사실이라면 당시 서버 31개를 기준으로 서버당 한계인원이 7,000명에 달해 이를 현재의 서버 수에 대입하면 오픈베타 최고 수준의 상회도 예상할 수 있지만, 상용화 이후의 안정적인 서버 운영을 염두에 둘 때 오픈베타 최고 수준의 80%만으로도 현재 국내에서 서비스되고 있는 MMORPG 가운데 최고 수준이라는 점에서는 이의가 없을 것으로 판단한다. 현재의 사용자몰이가 처음 상용화 이후 있었던 3일간의 무료 체험 이벤트가 종료된 상황에서 이루어지고 있다는 점에서 향후 안정적인 매출의 기반이 될 것이라 판단한다.

<표 15> 엔씨소프트 2009년 예상 매출액

	단 위	리니지	리니지 2	아이온
일 평균 PC장 사용시간(A)	시간	237,329	375,198	1,326,308
시간당 PC방 요금(B)	원	276	276	257
하루 PC방 예상매출(A×B=C)	백만 원	66	104	341
한 달 PC방 예상매출(C×30=D)	백만 원	1,965	3,107	10,226
한 분기 PC방 예상매출(D×3)	백만 원	5,895	9,320	30,678
2008년 3분기 실제 PC방 매출	백만 원	3,640	5,320	
실제 매출 / 예상 매출	%	61.7%	57.1%	50%
예상 2009년 1분기 PC방 매출액	백만 원			15,339

자료 : 게임트릭스, 엔씨소프트 제공

현재 PC방 사용시간 데이터를 보면 상용과 이후 최근 일주일 평균 사용시간이 132만 시간에 달해 '리니지' 대비 4.6배, '리니지 2' 대비 2.5배에 달한다. PC방 통합계정의 단가를 보면 '리니지' 연작이 시간당 276원, '아이온'이 7% 할인된 257원으로 적용되는데, 현재의 PC방 이용시간이 향후에도 유지된다고 가정할 경우 '아이온'의 한 달 PC방 매출액은 102억 원에 달한다는 결론이 도출된다. 그러나 엔씨소프트의 PC방 과금 정책을 보면 개인 정액사용자가 PC방에서 게임을 즐길 때 PC방에 과금을 하지 않는 것을 반영해야 하기에 월 102억 원의 추정 매출에서 개인 정액사용자가 PC방에서 하는 시간을 차감해야 하는 과정이 필요하다. '리니지' 연작의 PC방 추정매출을 앞선 계산대로 진행한 다음 실제 2008년 3분기 시점의 PC방 매출과 대비한 결과 각각 61.7%와 57.1%의 결과를 얻을 수 있었다. 보수적으로 접근하여 실제 매출 대비 예상 매출 비율을 50%로 가정할 경우 2009년도 전반기 '아이온'을 통해 얻을 수 있는 PC방 매출액은 153억 원이라는 결론을 얻을 수 있다.

물론, 최근의 PC방 사용시간이 PC방 무료 이용 이벤트 기간 동안 있을 수 있는 거품이 끼어 있겠지만, 단시일 내 사용량이 급격한 감소를 보일 것이라 판단하지는 않는다. PC방 사용량은 PC방 운영자의 의도와 관련된 것이 아니라 PC방을 사용하는 게이머의 의도와 관련된 것이기 때문이다. 또한, 과거 '리니지 2'의 첫 분기 PC방 매출액을 보면 100억 원에 달했던 것을 알 수 있다. 당시 PC방 사용시간 데이터가 현재의 '아이온'을 크게 하회하는 것으로 추정되는 만큼 분기 평균 '아이온' PC방 추정 매출 120억 원은 무리한 수준이 아닐 것으로 판단한다.

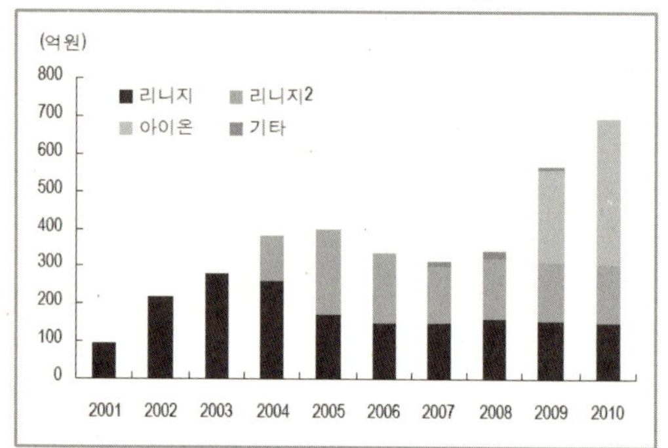

〈표 16〉 엔씨소프트 수출 예상

자료 : NC-Soft 제공

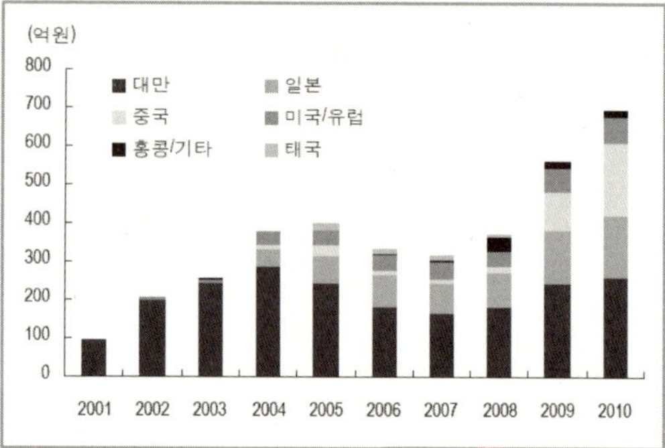

〈표 17〉 엔씨소프트의 지역별 수출 현황

자료 : 대한민국 게임백서 2008

〈그림 5〉 AION, 엔씨소프트, 2008

❷ 침체된 게임포털의 2009년 전망

국내의 대표게임포털은 네오위즈의 '피망', '넷마블'과 '넥슨닷컴' 그리고 '한게임'으로 압축된다. 여기에 엔씨소프트의 '플레이NC' 등이 그 뒤를 바짝 추격하고 있는 형상이다. 국내의 게임포털은 위에서 언급한 주요 업체를 통해 서비스되었던 고스톱이나 포커 등의 도박성 보드게임을 중심으로 크게 발전하였으며 각 포털별로 한두 개씩의 킬러타이틀을 보유하게 되면서 그 입지를 다져왔다.

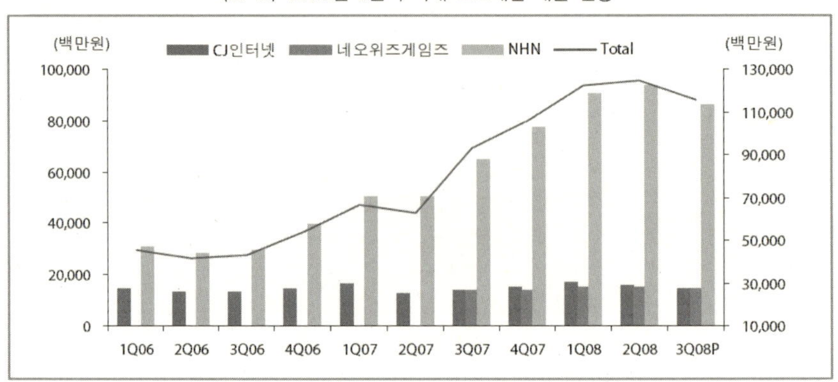

<표 18> 2008년 3분기 국내 보드게임 매출 현황

자료 : 각 사(NHN의 경우 퍼블리싱 매출이 포함된 수치임)

<표 19> 2008년 이후 게임포털 매출예상

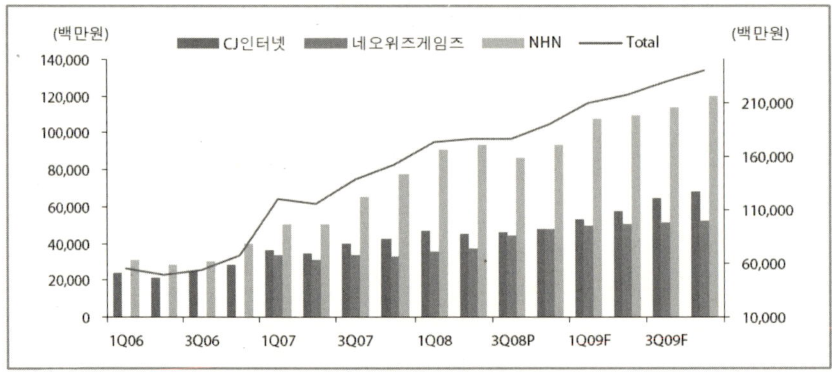

자료 : 각 사

하지만 2007년 국내 게임시장을 아수라장으로 헤집었던 '바다이야기' 사태 이후 사건의 발단이 되었던 아케이드 게임시장은 물론이고 사행성 퇴출이라는 마녀사냥에 웹보드게임이 주요 매출 종목이었던 게임포털도 피해를 비껴갈 수 없었다. 2008년 3분기 사행성 규제에 따른 서비스 개편을 단행하면서 계절적 요인과 더불어 게임포털의 부진한 실적의 원인으로 작용하게 된다. 한게임의 경우 포커부분에서 무제한 베팅방 삭제, 게임머니 단위 변경(원→골드, 블루) 등에 따른 사용자 혼란으로 3분기에 2분기 대비 7.5% 감소한 실적을 기록했으며 CJ인터넷은 7.9%, 네오위즈게임즈는 5.3%의 매출 감소를 기록했다.

그러나 9월 이후 서비스개편에 따른 사용자들에 필요한 시스템 적응기간이 경과함에 따라 감소추세가 잦아들고 있어 4분기에 다시 반등할 것으로 예상되고, 게임포털들이 핵심역량을 퍼블리싱에 집중하면서 퍼블리싱 부분의 매출이 꾸준히 증가하고 있어 2009년 게임포털들의 매출도 2008년 대비 양호한 성장을 기록할 것으로 전망된다.

특히 NHN의 경우 상대적으로 낮았던 퍼블리싱 비중을 공격적인 전략을 통해 지속적으로 확대하고 있어 2009년에는 선전할 것으로 예상된다. 또한, 지난 2006년 계약 종료와 함께 국내 게임포털에서 자취를 감추었던 게임 '테트리스'(Tetris)의 판권사인 '더 테트리스 컴퍼니'(The Tetris Company LLC)와 제휴를 맺고 10월 23일부터 한국에서 단독으로 서비스 시작하였다. 테트리스는 게임유저층이 두텁고 친숙하다는 강점으로 인해 최고 동시접속자 수 5만 명을 돌파하여 흥행에 성공한 것으로 판단된다. 또한 '테트리스'를 그동안 서비스하면서 쌓은 노하우와 데이터를 바탕으로 사용자들의 요구를 정확히 파악하고 있기 때문에 흥행기록은 계속 갱신될 것으로 예상된다. 실제로 '테트리스'의 흥행으로 인해 한게임의 전체 사용자 수가

20% 증가하고 있어 전체 한게임 매출에 긍정적인 영향을 미칠 것으로 예상된다. 확정되지는 않았으나 12월 중 상용아이템이 출시될 것으로 예상되는 '테트리스'는 퍼블리싱 강화 전략과 맞물려서 2009년 NHN의 게임부분 매출성장에 결정적인 역할을 할 수 있을 것으로 기대되고 있다.

NHN은 1월 22일 '한게임 인비테이셔널 2009' 행사를 통해 대형 퍼블리싱 라인업 4종을 포함해 총 10개의 2009년 한게임 라인업을 발표하였다. 공식 발표를 통해 세상에 그 첫 선을 보인 게임(C9 - 워해머온라인 - KUF2 - TERA)은 여러 가지 측면에서 성공적인 게임라인업 구축 성공의 가능성을 보였으며 각 게임들에 대한 호평 속에 2009년도 NHN의 매출 상승에 직접적인 영향을 가져올 것으로 예측하고 있다.

NHN의 한게임사업부는 분기 평균 1,000억 원에 달하는 매출을 기여하여 전체 매출 가운데 32%를 차지하고 있지만, 90% 이상의 매출이 고스톱 - 포커 등의 보드게임으로부터 창출되고 있어 매출 다변화와 해외 수출 가능성 제고 차원에서 퍼블리싱 사업부문의 강화가 절실한 상황이다. 때문에 가능성 있는 게임에 대한 퍼블리싱 사업은 NHN에서 포기할 수 없는 분야임에 틀림없다. 2008년 중 R2 - 아틀란티카 등의 퍼블리싱 라인업의 매출 기여가 나타났지만, 기대작으로 분류된 바 있는 '반지의 제왕 온라인'(터바인스튜디오 제작)과 '몬스터헌터 온라인'(일본 캡콤 제작)의 미흡한 매출 기여로 여전히 보드부문의 매출 기여가 높은 상황을 타파하지 못하고 있는 상황이다. 이 시점에서 2009년도 퍼블리싱 라인업에 대한 공식적인 발표는 향후 회사 측의 퍼블리싱 강화 방침을 공식화하는 것과 다름없다.

NHN이 행사를 통해 발표한 게임라인업 10종 가운데 중점적으로 소개한 작품은 4종으로서 해외 신작 1종(워해머 온라인), 계열사 제작 MORPG 1종(C9), PC-콘솔 기반 작품의 온라인화 버전(KUF-킹덤언더파이어 2), 엔씨소프트 개발진의 작품인 정통 MMORPG 1종(TERA-프로젝트S)이였으며 가장 큰 관심을 끌고 있는 작품은 'TERA'이다.

〈그림 6〉 C9. NHN Games

〈그림 7〉 KUF2. 판타그램 / 블루사이드

〈그림 8〉 워해머 온라인. EA Myth

〈그림 9〉 TERA. 블루홀 스튜디오

또한 '내맘대로 지구별', 'G2', '졸리타이밍', '조이서클' 등의 캐주얼 게임 약 6종을 선보이며 게임 매니아층뿐만 아니라, FWK 즉, '가족'(Family), '여성'(Woman), '저연령층'(Kids)을 아울러 게임사용자층을 확대하고 게임 특성에 맞는 다각화된 비즈니스 모델을 만들어 나감으로써 지속적인 성장세를 유지할 계획이다. 이와 함께 일상생활의 재미를 게임으로 만든 '생활형 게임'과 '한자마루'와 같은 교육용 게임 등으로 게임산업에 혁신적인 시도로 새로운 변화를 이끌 것이다. 또한 '웹보드 게임'의 사용자 보호를 위한 UPP 프로그램(User Protection Program)을 본격 가동하고 우수한 한국 중소 개발사 육성을 위한 다양한 지원 프로그램을 진행할 계획이다.

이와 같이 NHN의 '한게임'은 지난 10년간 '국내 최대 포털'로서의 입지를 다지며, 탄탄한 사업 역량과 서비스 노하우를 쌓아왔다. 웹보드 게임의 안정적인 서비스와 캐주얼 게임시장을 재조명하고, 퍼블리싱 비즈니스를 개척함으로써 게임사용자층을 확대하는 한편 게임의 대중화에 선도적인 역할을 다해오고 있다. 한게임은 앞으로도 한국을 대표하는 게임 플랫폼이라는 서비스적·사업적인 역할은 물론, 일본(일본 한게임)과 중국(렌종), 미국(이지닷컴)의 '글로벌 네트워크'의 기반으로써, 글로벌 비즈니스의 구심점으로, 국내 최대 게임포털이자, 명실상부한 최고의 글로벌 퍼블리셔로서, 그 명성을 이어갈 것이다

네오위즈게임즈의 경우 업계에 진입한 이후에 비해 2007~2008년 시즌은 그리 낙관적이지 못한 실적을 보였다. 게임업계의 3대 포털인 피망을 바탕으로, 간판 게임인 스페셜포스를 앞세워 다양한 게임 라인업을 통해 새로운 도약을 이루려고 했지만 실질적인 라이벌이라고 할 수 있는 CJ인터넷보다 한발짝 뒤처지는 모습을 보이며 여러 매출에서 저조한 모습을 보인 것

이었다. 특히 다양한 신작게임 라인업을 선보이며 저조한 성적을 타개하기 위한 의지를 보였지만, 많은 게임들이 시장에서 외면을 받으며 시즌을 마감하였다.

내수시장에서 스페셜포스 이후로 두드러지게 선보일 만한 신작 게임을 내놓지 못했다는 것도 있겠지만, 그것을 커버할 수 있는 해외시장의 매출이 거의 전무했다는 것이 네오위즈의 근본적인 부진의 원인이다. 경쟁업체에 비해 상대적으로 큰 규모로 게임시장에서 사업을 펼쳐 나가고 있는 네오위즈게임즈였지만, 엔씨소프트와 넥슨 등 1세대 게임 기업에 비해 해외시장 개척을 위한 준비가 늦은 점 때문에 해외 시장에서의 매출이 필수적으로 필요한 전환기를 맞이한 게임시장에서 지속적인 성장을 도모하기에는 무리가 있었던 것이었다.

네오위즈게임즈는 2008년이 지나기 전 상대적으로 느려진 해외 진출의 공백을 따라잡기 위해 '붉은 보석', '천상비' 등을 개발한 게임온의 지분을 인수했다. 한국 온라인 게임을 일본 시장에서 서비스하며 명성을 쌓은 게임온의 인수로 인해 네오위즈게임즈의 현지 법인인 네오위즈 재팬과의 효율적인 일본시장 공략이 가능해진 것이다. 또한 홍콩에 현지법인 네오위즈 아시아를 두고 있는 네오위즈게임즈는 중국 내 합작법인을 설립, 중화권 시장을 공략하기 위해 파트너사를 물색했다. EA와 공동개발중인 'NBA 스트리트 온라인'은 북경올림픽에 발맞춰 중국과 대만에서 서비스를 진행하기로 결정했고, 이를 통해 자체 개발작의 최초 중국시장 공략을 이루게 되었다.

더불어 2008년 상반기 중 미국 현지 법인 설립을 통해 북미시장 공략을 위한 교두보를 마련할 계획을 세우고 이를 통해 한·중·일·미 등 주요 온라인 게임시장에 교두보를 마련하려는 의지를 보이기도 했다.

  '해외 진출의 원년'에 걸맞는 2008년의 실적을 네오위즈게임즈는 일궈냈다. 여러 가지 부정적인 요인에도 불구하고 매우 짧은 시간 안에 해외 시장에서 성공적인 지표를 기록하고 있다고 할 수 있다. 특히 해외시장에서의 성공적이고 발 빠른 게임 런칭은 국내 시장에서 의외의 분전과 결부되어 훌륭한 매출 수치를 보여 주었다.

  '피파 온라인 2'가 2008년 12월 22일부터 중국시장에서 클로즈베타 서비스를 시작했다. 중국 내 거대 게임사 중 하나인 '더나인'(The Nine)과 손을 잡고 11월 중에 기술적인 테스트를 모두 마치고 연내 클로즈베타 서비스를 시작을 목표한다고 밝힌 바 있었다. 하지만 이미 네오위즈게임즈는 이미 '크로스파이어' 등 해외 진출 게임으로 분기당 30억 원 이상의 로열티 매출을 달성하고 있는 상황이다. 이미 중국을 비롯해 일본 등에서 매출을 내고 있는 상황에서 2008년 말미에 '피파 온라인 2'의 지속적이고 안정적인 테스트를 통해 지속적인 해외 진출 성과를 내고 있는 것이다. 해외 진출 드라이브나 경험이 없는 상황에서 발 빠른 행보로 상당한 성과를 냈다고 할 수 있다.

  또한, 이런 해외 시장에서의 급성장과 함께 국내 내수시장에서의 선전은 네오위즈게임즈의 '충만한 2008년'을 있게 한 원동력이 되었다. 당초 예상과는 달리 주목작인 '배틀필드 온라인'과 4년째 개발 중인 RTS에 RPG를 접목시킨 '프로젝트GG'에 대한 등장은 없었지만, 스페셜포스의 변함없는 활약과 '2007년 FPS전쟁'에서 유일하게 살아남은 생존자인 'A.V.A'(아바), 그리고 2008년 국내 온라인 야구 게임 1위로 올라선 '슬러거'의 놀라운 선전으로 인해 국내에서의 매출은 상당한 성과를 거뒀다.

  해결 과제였던 '해외 진출'을 성공적이고 집약적으로 이뤄 낸 네오위즈게임즈의 2009년 목표는, 해외 진출 드라이브에 더욱 가속화와 본격화를 시키는 것과 2008년 다소 정체되었던 국내 내수시장에 신작 게임을 소개하고 새로운 차기 주력작을 찾아내는 것이라고 할 수 있겠다.

네오위즈게임즈는 2009년 중 '배틀필드 온라인', '프로젝트GG', '에이지 오브 코난'의 서비스를 준비 중이다. '슬러거'와 '스페셜포스'의 뒤를 받칠 내수시장에서의 차기 주력작도 2009년에는 유저들의 눈앞에 그 모습을 드러낼 것으로 보인다. 그중 가장 눈길을 끄는 것은 역시 유럽과 북미 시장에서 한때 'WOW'의 인기를 위협하기도 했던 펀컴의 블록버스터 대작 MMORPG인 '에이지오브 코난'이다. 잘 짜인 시나리오를 바탕으로 방대한 세계관과 독특한 전투 시스템, 화려한 그래픽을 자랑하는 하드코어 대작인 이 게임은 2008년 5월 북미와 유럽에서 출시된 직후 전 세계 판매 순위 1위에 올랐으며 E3 최고의 MMO, GC 2007 베스트 온라인 게임을 포함한 15개 이상의 화려한 수상 경력을 자랑하고 있다. 국내 업체들이 퍼블리싱을 하기 위해 치열한 경쟁을 벌였다는 것만 봐도 이 게임의 네임 밸류를 알 수 있는 것이다.

또한, EA의 인기 게임 브랜드 중 하나인 배틀필드 시리즈를 온라인화 한 배틀필드 온라인 역시 2009년 국내 주목작 중 하

〈그림 10〉 Age of Conan, 펀컴

〈그림 11〉 Battle Field Online

나다. 온라인 콘솔게임에서 선보였던 선진화된 게임 시스템을 기초로 온라인에 적합한 다양한 신규 콘텐츠를 추가해 공개될 계획이다. 특히 헬기·장갑차·탱크 등이 등장해 대규모 전투가 가능한 만큼 기존 **FPS** 게임들과는 차별화되는 새로운 시장을 개척할 것으로 기대된다.

네오위즈게임즈는 게임 본래의 재미와 한국적 특성을 함께 살린 가운데 대대적인 콘텐츠 업데이트가 진행된 버전으로 하반기에 공개될 예정이다. 여기에 또 다른 야심작인 '프로젝트**GG**'(땅소프트 개발)까지 합류한다면 네오위즈게임즈의 2009년 국내 내수시장 라인업은 상당히 풍부해질 것으로 예상되고 있다.

2008년을 알차게 보낸 **CJ**인터넷은 게임포털 업계의 2위 자리를 굳건히 지키고 있다. 목표로 했던 각종 매출과 수치 등에서 모두 상승곡선을 그리며 가장 강력한 라이벌인 네오위즈게임즈와 그들이 운영하는 게임포털인 피망을 따돌리고 한게임을 뒤쫓아 가는 '가장 유력한 차기 1위 후보'로 부상한 것이다. 특히 저평가 된 자신들의 가치를 실적으로 입증했으며, 내수시장과 해외시장에서의 고른 활약을 보여 주력 게임과 양질의 라인업들의 양산에 성공했다.

그러나 2008년의 **CJ**인터넷이 **NHN**의 한게임에 이어 게임포털 업계 2위 자리를 굳건히 지킨 것 보다 더 큰 의의를 찾을 수 있었던 것은, 전년도인 2007년 퍼블리싱에 대한 사업 투자가 그대로 실적에 반영되어 게임 퍼블리싱 부문에서 대비 126%의 현격한 성장과 상승세를 나타냈다는 것이었다.

이것은 업계 1위인 한게임이 보드게임류가 매출의 절대적인 부분을 감당하고 있는 것과는 분명 차별화되어 자체적으로 서비스를 하는 온라인 게임들이 큰 성과를 냈다는 것은 매출의 1위라는 양적인 평가가 아니라 온라인 게임업계에 있어서의 실질적인 게임포털 1위라는 질적인 평가에서 자부심을 가지기에 충분할 만큼의 실적을 보여주었다.

물론 '서든어택'과 '마구마구' 등 국산 주력 게임들로 수익과 매출을 달성하면서 그것으로 외산 게임들을 적극적으로 들여오는 것에 대해 업계의 눈총을 받아 온 것과, 그런 이미지를 탈피하면서 양질의 서비스를 계속해서 이어나가는 것은 당면 과제였다. 이런 당면 과제를 안고 시작을 한 CJ인터넷은 2008년 3분기까지 매출 1,415억 원과 영업이익 410억 원을 달성, 전년 대비 각각 22.7%와 25.4%의 성장을 기록하며 12분기 연속 두 자리 숫자 성장이라는 고성장세를 이어나갔다.

2007년부터 투자를 하기 시작한 퍼블리싱 사업을 통해 CJ인터넷은 넷마블에서 약 20여 개의 게임을 서비스하기 시작했으며, 안정적인 수익을 창출해냈다. 철저한 시장 조사와 트랜드 분석을 퍼블리싱의 최대 역량이라고 보고 있는 CJ인터넷은 2008년까지 업계에서 가장 많은 유료화 게임을 서비스하고 있다. 또한 서비스 게임 중 13개 이상이 1억 원 이상의 수익을 거두고 있을 만큼, 2년에 걸친 퍼블리싱 사업의 고 성장세는 상당히 두드러지게 나타났다.

CJ인터넷은 이미 2008년 한 해 자체 개발 게임 신규 계약 금액만 3,000만 달러를 돌파했다.

특히 '프리우스'의 경우 국내 출시 이전에 일본 게임시장에 약 100억 원의 판권계약을 체결한데 이어, 현재 전 세계 다양한 지역으로 수출 협상이 긍정적으로 진행되고 있다. 역시 자체 발한 '이스 온라인', '마구마구' 등도 대만, 중국, 유럽 등지에 다양하게 진출했다. 국내 야구 게임 1위였던 '마구마구'가 '슬러거'에 그 자리를 내주며 작년 같지 않은 매출액을 기록했지만, 그 자리를 10월 성공적인 런칭을 한 '프리우스 온라인'이 메우며 CJ인터넷의 성장에 지속적인 캐시카우로 자리매김했다. 부분유료화로 전환 이후에도 꾸준한 접속자 숫자를 기록하고 있기 때문에 어느 정도 시장에서 CJ인터넷이 자체 개발력을 검증을 받았다는 의의도 찾을 수 있었다.

반면에 개발 부분이 아닌 마케팅 부분에서는 매끄럽지 못한 사업 전개와 대대적인 마케팅 과정에서의 도의적이지 못한 모습을 보여줌으로 인해 업계의 지적을 받고 있다. '아이온'과의 비교 마케팅과 이를 시작으로 한 블리자드의 '리치왕의 분노'나 '아이온'과 대등할 정도의 물량 마케팅은 충분히 사람들의 눈길을 끌었지만 업계 관계자들에게서 불만을 자아내기에 충분했으며, 한국인터넷PC문화협회(인문협)와 제휴를 통해 '아이온'을 배척하고 '프리우스 온라인'을 추천하는 등의 마케팅은 CJ인터넷 관계자조차 "인문협 때문에 이미지만 나빠졌다."라고 할 정도로 좋지 않은 이미지만을 안겨주며 업계의 지적을 받았다.

이러한 게임 외적으로 미숙한 CJ인터넷의 행보는 PC방 요금제의 부당한 선정 방식에서도 드러나, 일부 PC방 단체와 대구 지역 PC방협회가 불매운동을 선언하는 등 꾸준한 잡음을 내어 업계의 눈살을 찌푸리게 했다.

2009년에도 CJ인터넷이 계획하고 있는 사업들은 퍼블리싱 사업은 물론, 온라인 게임 사업

전반적으로 긍정적인 영향을 미칠 수 있는 계획들로 점철되어 있다. 2009년에는 그 모습을 드러낼 ‘드래곤볼 온라인’과 ‘레릭 온라인’, ‘건즈 2’, ‘서든어택 2’ 등 차기 주력작들의 퍼블리싱이 이루어지기 때문에 라인업 자체도 풍성해질 뿐더러, 내수 시장에서 추가적으로 매출에 기여를 할 만한 굵직한 주력작들이 등장하게 된다.

또한 퍼블리싱 판권을 보유한 현 주력작인 ‘서든어택’과 ‘미니파이터’ 등 다수의 캐주얼 퍼블리싱 게임들도 각종 지역에 수출계약을 체결해 서비스를 진행 중이며, 2009년에도 다수의 새로운 지역에 서비스 예정이 잡혀 있기 때문에 CJ인터넷의 해외사업은 더욱 확대될 것으로 전망되고 있다.

〈그림 12〉 마구마구, 애니파크

〈그림 13〉 드래곤볼 온라인, NTL

〈그림 14〉 이스온라인, Falcom

〈그림 15〉 서든어택, 게임하이

(4) 기술력보다는 콘텐츠 기획력이 관건

　　과거 국내 게임업계의 당면과제는 기술력이 확보되지 못한 상태에서의 개발 작업으로 인한 어려움을 타파하는 것이 최우선이었다. 때문에 '구현'이라는 개념은 게임 개발의 최우선적인 고려요소가 되어야 했으며 그로 인해 표현의 한계가 극명하게 드러나는 악조건 속에서 게임콘텐츠를 개발해야만 했다. 일본과 미국에서 흥행실적이 좋은 게임들을 수입해 와서는 국내 시장에 뿌리고 이를 바탕으로 발생된 게임수요에 대해 국산게임을 선물하기 위해서는 국내 수요의 질적인 요구에 부합되기 보다는 완성된 국산게임이라는 타이틀을 뽑아내는 것이 더욱 중요시되었던 시절이었다.

이렇게 시작한 국내 게임 개발업계는 게임 개발에서 국내 개발사들이 고질적으로 안고 있는 병폐 중 으뜸을 '기획력 부족'이라고 한입으로 이야기한다. 이것은 우리의 개발자들의 자질이 부족해서도 아니요, 게임에 대한 이해가 부족해서도 아니다. 다만 어떤 것을 개발할 것인가보다는 어떻게 개발할 것인가에 더욱 익숙해져 있는 국내 게임 개발의 일종의 트라우마가 아닐까 생각된다.

'WOW'에 등장하는 캐릭터들은 잘생기지도 않았고 색깔이 특별하게 아름답지도 않다 심지어 여성캐릭터조차도 소위 말하는 '몹'과 별반 차이가 없는 못생긴 외형을 갖고 있다. 하지만 'WOW'를 광적으로 플레이하는 사용자 중 큰 비중을 차지하는 것이 여성 유저층이라는 자료를 접해볼 때 과연 무엇을 느낄 수 있는가. 예쁘고 멋진 모양새가 게임의 전부가 될 수 없음을 잘 말해주고 있는 것이다. 게임의 전체적인 세계관에 잘 부합되며 유저가 추구하고자 하는 게임플레이 스타일을 캐릭터에서 찾아보기 쉽고 게임 내에서의 역할이나 특징 등이 자연스럽게 외형으로 표출되는 그런 게임이기 때문이다.

과거 포스트 '리니지'를 표방하며 등장했던 우리의 게임들은 어떠했는가? 그들도 'WOW'와 같은 독특한 세계관을 풀어놓고 그 안에 원래부터 있음직한 것들로 짜임새 있게 맞추어 나갔는가? 게임 내에 등장하는 하나하나들이 어우러져 정말로 그럴싸한 세계를 만들고 있는가? 우리의 게임이 창조적이지 못하고 게임 본연의 재미를 추구하기 보다는 상업적인 비즈니스 모델 구축에만 급급해 있다는 악평을 받는 것은 우리의 문화가 게임을 즐길 줄 모르는 문화이기 때문도 아니요, 우리의 개발자들이 게임 본연의 재미를 몰라서도 아니다. 다만 지금까지 국내 게임산업구조의 형성과정이 너무나 급하게 높은 상승곡선을 그리며 내달렸기 때문이다.

　근래에 보도매체들을 통해서 국내 게임산업이 위기에 봉착하고 있다는 내용을 심심치 않게 들을 수 있다. 국내 게임시장이 이미 포화단계에 다다랐고 해외 진출을 꿈꾸며 대규모 자본을 투입하여 야심차게 준비했던 대작 타이틀들이 허무하게 게임역사의 뒤편으로 떠밀려나는 모습도 보았다. 초고속 인터넷 인프라를 바탕으로 온라인 게임시장의 꽃을 가장 먼저 피운 나라이며 세계시장을 선도해간다는 자부심으로 내달려왔지만 결코 글로벌시장은 우리의 독주를 방관하고만 있지는 않는다.

　중국이 무서운 속도로 우리의 뒤를 바짝 추격하고 있으며 아직까지는 시장 형성의 초기단계인 북미나 유럽 지역도 그 기세가 만만치 않다. 온라인 게임 종주국으로서 우리가 갖고 있는 경쟁력은 과연 무엇인지 심각하게 고민해야 할 시기가 이미 지났다. 우리의 무기가 먼저 시작하여 어려운 경험을 먼저 해본 것이 되어서는 절대로 살아남을 수 없다. 기술적인 문제는 이제 중국도 일본도 북미나 유럽도 동일선상에 있다고 보아야 할 것이다. 오직 우리의 게임산업이 국제무대에서 세계의 게임유저들에게 선택을 받을 수 있는 강력한 무기는 그들에게 게임 본연의 재미를 안겨줄 수 있는 훌륭한 콘텐츠 기획력뿐이다.

　'콘텐츠 기획력' 그것이 우리 게임산업의 미래를 보장해 줄 수 있는 유일한 희망이다.

12. 맺음말

네델란드의 문화사회학자 호이징가(Johan Huizinga)는 유희가 문화 속에서 발생하는 것으로 문화 쪽이 상위개념이 아니라 문화는 원초(原初)부터 유희되는 것이며 유희 속에서 유희로서 발달한다는 '호모루덴스'(Homo Rudens – 유희하는 인간)를 주장하였다. 또한 독일의 실러(Ferdinand Canning Scott Schiller)는 '인간은 놀이를 즐기고 있을 때만이 완전한 인간이다'라고 주장하였다. 그들의 이론대로라면 유희는 인간 활동에서 커다란 부분을 차지하며(문화보다 상위의 개념으로) 인간의 가장 기본적·정신적 요소의 하나이다.

유희를 추구하는 인간의 본성에 의해 인류역사의 흐름 속에서 게임은 늘 인류의 진화와 함께 발전하였다. 인간본성을 자극하는 놀이감에서 재화를 담보로 투기하는 도박까지 다양한 형태로 인간문화의 한 부분을 이끌어 왔다. 디지털 시대가 도래하면서 과거의 유형의 형태를 갖춘 놀이도구의 단계를 탈피하여 무형의 콘텐츠로 옷을 갈아입고 무한복제라는 디지털 시대의 개념적인 특징을 말해주는 현대의 게임콘텐츠로 발전하였다.

과거, 게임이 어린아이들이나 장난감 수준으로 폄하되어 하급 문화로 치부되었던 시절도 있었으나 현재의 대표적인 문화산업인 영화를 뛰어넘는 가능성을 지니고 있는 미래의 문화산업으로서 주목받고 있다. 시장의 규모도 출판시장을 제외하고는 문화산업 중 가장 큰 시장을 형성하고 있으며 성장을 거듭하고 있다.

국내 게임시장도 이와 마찬가지로 짧은 역사이기는 하지만 앞서 언급한 내용과 같이 국내외적인 여러 상황에 맞물려 지금의 게임산업을 일구었다. 특히 온라인 게임 분야에서는 전 세계적으로 가장 먼저 시장의 꽃을 피웠으며 엄밀하게는 진정한 의미에서의 세계화를 성공했다고 말할 수는 없지만 아시아 문화권에서는 선두주자로서 산업자체를 선도하고 있다는 것은 사실이다. 더불어 게임산업뿐 아니라 다른 문화산업에서 대한민국의 문화의 가치가 점점 더 높이 평가되고 있다. 소위 한류를 형성하며 지금까지 동양문화의 주류를 이뤄왔던 일본이나 중국과 어깨를 견주고 있으며 몇몇 분야에서는 서양문화권에서도 그 가치를 인정받고 있다.

우리 민족은 애초부터 끼가 많은 민족이었다. 시와 음악을 사랑하고 그림을 볼 줄 아는 풍류를 사랑하는 민족이었다. 세 명만 모여도 재밌는 놀이거리를 생각해내고 그 속에서 즐거워할 줄 아는 민족이었다. 민족적 특징이 시대가 변한다고 크게 바뀌지는 않는다. 우리 민족은 흥겨움에 흥겨워할 줄 아는 민족인 것이다. 문화산업이 부흥하지 않을 수 없는 속성을 지니고 태어난 것이다. 지극히 당연하게 게임산업 분야에서도 우리 국민은 그 어느 나라 민족보다도 더 훌륭한 능력을 보여줄 것이며 세계의 게임산업을 이끌어갈 것이라 믿는다.